চন্‌দ্‌রাবতী রামায়ণ

Chandrabati Ramayana

চন্‌দ্‌রাবতী রামায়ণ

Chandrabati Ramayana

চন্‌দ্‌রাবতী

Chandrabati

Introduction by

Dr. Pinki Purkayastha (Chandrani)

ড. পিঙ্কি পুরকায়স্থ (চন্দ্রাণী)

GYAN

Published by

Gyan Publishing House
5, Ansari Road
Daryaganj, New Delhi-110002
Phone: 011-47034999, 9811692060
E-mail: books@gyanbooks.com

Distribution Network
gyanbooks.com
India, USA, Canada, UK, Australia

ISBN: 978-93-7169-413-1 (HB)
First Published, 1782

2nd Impression 2025

Printed at: Gyan Press, Delhi.

চন্দ্রাবতী রামায়ণ
CHANDRABATI RAMAYANA

Author: চন্দ্রাবতী CHANDRABATI

চন্দ্রাবতী রামায়ণ

চন্দ্রাবতী

চন্দ্রাবতী রামায়ণ :

চন্দ্রাবতী বাংলা সাহিত্যের অন্যতম মহিলা কবি এবং অনন্য রত্ন। তিনি মনসামঙ্গল কাব্যের রচয়িতা দ্বিজ বংশীদাসের কন্যা। মধ্যযুগের পুরুষশাসিত সমাজে যেখানে মানুষ বলে গন্য হতেই অনেক অনেক কাঠ খড় পোড়াতে হয়েছে নারীকে, সেখানে চন্দ্রাবতী এক উজ্জ্বল নক্ষত্র, যিনি ১৫৫০ থেকে ১৬০০ খ্রিস্টাব্দের মাঝামাঝি সময়টাতে নিজের রচনার মাধ্যমে এত জনপ্রিয় হয়ে উঠতে পেরেছিলেন যে, আজও দেশ, জাতি, ধর্ম, বর্ণ, ভাষার বেড়াজাল কাটিয়ে, চন্দ্রাবতীর সুর, জনসাধারণের প্রাণের মূর্ছনায়। বঙ্কিমচন্দ্র চট্টোপাধ্যায়ের মতে, কবির কবিত্ব বুঝিয়া লাভ আছে, সন্দেহ নাই; কিন্তু কবিত্ব অপেক্ষা , কবিকে বুঝিতে পারিলে গুরুতর লাভ। চন্দ্রাবতীও এর ব্যতিক্রম নন। তাঁকে বুঝতে পারলে, তাঁর রচনার ধারাটাকে ও ভালোভাবে বুঝতে পারা যায়।

রামায়ণের ভণিতায় চন্দ্রাবতী লিখেছেন,

"ধারাস্রোতে ফুলেশ্বরী-নদী বহি যায়।
বসতি যাদবানন্দ করেন তথায়।।
ভট্টাচার্য্য ঘরে জন্ম অঞ্জনা ঘরণী।
বাঁশের পাল্লায় তালপাতার ছাউনী।
ঘট বসাইয়া সদা পূজে মনসায়।
কোপ করি সেই হেতু লক্ষ্মী ছাড়ি যায়।।
দ্বিজবংশী বড় হৈল মনসার বরে।
ভাসান গাইয়া যিনি বিখ্যাত সংসারে।।
ঘরে নাই ধান-চাল, চালে নাই ছানি।
আকর ভেদিয়া পড়ে উচ্ছিলার পানি।
ভাসান গাইয়া পিতা বেড়ান নগরে।
চাল-কড়ি যাহা পান আনি দেন ঘরে।।
বাড়াতে দারিদ্র জ্বালা কষ্টের কাহিনী।
তাঁর ঘরে জন্ম নিলা চন্দ্রা অভাগিনী।।

....

সুলোচনা মাতা বন্দি দ্বিজবংশী পিতা।

যাঁর কাছে শুনিয়াছি পুরাণের কথা।।

....

শিব-শিবা বন্দি গাই ফুলেশ্বরী নদী।

যার জলে তৃষ্ণা দূর করি নিরবধি॥

বিধিমতে প্রণাম করি সকলের পায়।

পিতার আদেশে চন্দ্রা রামায়ণ গায়"

সাধারণ দরিদ্র পরিবারের কন্যা চন্দ্রাবতীর জন্যে সেইসময় পড়াশোনা, লেখালেখি নিয়ে থাকার মতো, দৃঢ় সিদ্ধান্তগুলো নেওয়া সহজ ছিলনা মোটেও। সমাজের বিপরীত স্রোতে দাঁড়িয়ে, পিতা দ্বিজবংশী কন্যাসন্তানটিকে নিজের উত্তরাধিকারী রূপে গড়েপিটে নিতে পেরেছিলেন নিজের দৃঢ়তার জোরেই, আর অবশ্যই এখানে ছিল, চন্দ্রা জননী সুলোচনারও যথার্থ অবদান। তাই চন্দ্রাবতী রামায়ণের ভণিতায় পিতা মাতা দুজনেরই নাম শ্রদ্ধাভরে উল্লেখ করে গেছেন।

চন্দ্রাবতী জানতেন সংস্কৃত ভাষা। সাহিত্য-ব্যাকরণ-পুরাণে ছিল তাঁর প্রখর প্রতিভা, তাই তিনি চিরাচরিত পথে না হেঁটে, সৃষ্টি করতে চেয়েছেন এক নতুন ধারার রামায়ণ, যার মূল চরিত্র সীতা। চন্দ্রাবতীর রামায়ণ কোন অনুবাদ সাহিত্য নয়, বরং বহু গবেষণালব্ধ স্বাধীন সৃষ্টি।

সীতার জন্ম থেকে পাতাল প্রবেশ , সীতার যাপনকথা বা বারোমাসি, চন্দ্রাবতী রামায়ণের বিষয়বস্তু, যাকে সীতায়নও বলা চলে। ভারতীয় পরম্পরায় রাম, আদর্শ ব্যক্তি, আদর্শ স্বামী, আদর্শ পুত্র, আদর্শ যোদ্ধা, আদর্শ মিত্র, আদর্শ ভ্রাতা এবং আদর্শ রাজা; সীতা ও আদর্শ নারী,আদর্শ মাতা, আদর্শ কন্যা, আদর্শ বধূ, আদর্শ ভগ্নী, আদর্শ ভাতৃজায়া। যদিও প্রথম খণ্ডে জন্ম বর্ণনার সময় চন্দ্রাবতী, রাম সীতাকে লক্ষ্মী-নারায়ণ রূপে উল্লেখ করেছেন কিন্তু বাকী পুরো রামায়ণ জুড়েই এরা হয়ে উঠেছেন সুখে দুঃখে গড়া সাধারণ মানুষ।

রামায়ণ ছাড়াও চন্দ্রাবতী, দস্যু কেনারামের পালা, দেওয়ান ভাবনা পালা, মলুয়া পালা ইত্যাদি বিভিন্ন পালাগানের রচয়িতা বলে জানা যায়। পিতা দ্বিজবংশীর পদ্মাপুরাণ বা মনসাকথা রচনার সময় ও উল্লেখযোগ্য ভূমিকা পালন করেছিলেন চন্দ্রাবতী।

চন্দ্রাবতী যদিও ঐতিহাসিক ব্যক্তিত্ব, তবু ঊনবিংশ শতাব্দীতে তাঁর ফিরে আসা, লোকসাহিত্য এবং গীতিকার হাত ধরে। চন্দ্রকুমার দে, ময়মনসিংহের মহিলাদের কাছ থেকে চন্দ্রাবতীর নাম, এবং রচনাগুলো সংগ্রহ করেছিলেন এবং "মহিলা কবি চন্দ্রাবতী" শীর্ষক প্রবন্ধ ময়মনসিংহ থেকে প্রকাশিত কেদারনাথ মজুমদার সম্পাদিত সৌরভ পত্রিকায় (ফেব্রুয়ারি ১৯১৩ খ্রিষ্টাব্দ) প্রকাশও করেছিলেন। তাঁর সম্পর্কে বলতে গিয়ে চন্দ্রকুমার দে লিখেছিলেন; "বনে অনেক সময় এমন ফুল ফুটে, রাজোদ্যানেও তাহার তুলনা মিলে না, সে বনফুলের সৌন্দর্য্য কেহ উপলব্ধি করিতে, কিংবা সে-সৌরভ কেহই ভোগও করিতে পারে না, বনের ফুল বনে ফুটে, বনেই শুকায়। চন্দ্রাবতী এই রূপ একটি বনফুল, ময়মনসিংহের নিবিড় অরণ্যে, একসময় এই সুরভী কুসুম ফুটিয়াছিল,", "যাঁহার কবিতা লোকের প্রাণের মধ্যে, মনের মধ্যে সর্বদা প্রিয়জনের স্মৃতির ন্যায় ঘুরিয়া ফিরিয়া, ভাসিয়া ভাসিয়া বেড়ায়, ছোট বড় নাই, স্থান-অস্থান নাই, মুখে মুখে ফেরে, তিনিই সাধারণের প্রাণের কবি। চন্দ্রাবতী পূর্ব ময়মনসিংহের সর্বসাধারণের প্রাণের কবি ছিলেন। বহুদিন হইতে শুনিয়া আসিতেছি – সেই অপূর্ব মনপ্রাণ মাতানো সঙ্গীত। মাঠে কৃষকের, শিশুর মুখে মুখে, আঙ্গিনায় কুলকামিনীদের মুখে, ঘাটে-বাটে, মন্দিরে, প্রান্তরে, বিজনে, নদীর পুলিনে সেই সঙ্গীত; বিবাহে, উপনয়নে, অন্নপ্রাশনে, ব্রতে, পূজায়; সেই সঙ্গীত ঘুরিয়া ঘুরিয়া, ফিরিয়া ফিরিয়া কানে আসিয়া বাজে, মরমের ভিতর প্রবেশ করে, — প্রায়ই শুনি চন্দ্রাবতী ভনে, চন্দ্রাবতী গায়। শ্রাবণের মেঘভরা আকাশতলে, ভরা নদীতে যখন বাহকগণ সাঁঝের নৌকা সারি দিয়া বাহিয়া যায়, তখন শুনি সেই চন্দ্রাবতীর গান, বিবাহে কুলকামিনীগণ নব বরবধূকে স্নান করাইতে জলতরনে যাইতেছে আর গাইতেছে সেই চন্দ্রাবতীর গান, তারপর ক্ষৌরকার বরকে কামাইবে তার সঙ্গীত, বরবধূর পাশাখেলা, তার সঙ্গীত সে কত রকম!"

রায় বাহাদুর দীনেশচন্দ্র সেনের হাত ধরে ময়মনসিংহ গীতিকায় চন্দ্রাবতীর জীবন এবং রচনাগুলো প্রকাশিত হয়। কবি নয়ানচাঁদ ঘোষের চন্দ্রাবতী পালার মাধ্যমে চন্দ্রাবতীকে বেশ স্পষ্ট ভাবেই জানতে পারা যায়। নয়ানচাঁদের দেয়া বর্ণনাগুলো পুরোপুরি মিলে যায় দস্যু কেনারামের পালায় চন্দ্রাবতীর

নিজের দেয়া বর্ণনাগুলোর সাথে। যদিও নয়ানচাঁদ চন্দ্রাবতীর যে প্রেমিকাসত্বা এবং প্রেমঘটিত ট্র্যাজেডির কথা বিষদভাবে উল্লেখ করেছেন উনার রচনায়, সে বিষয়ে চন্দ্রাবতী পুরোপুরি নীরব , হয়তো ইচ্ছে করেই এড়িয়ে গেছেন তিনি তাঁর ব্যক্তিগত জীবনের এই অধ্যায়।

নয়ানচাঁদ ঘোষের চন্দ্রাবতী পালা অনুযায়ী , ছোটবেলায় চন্দ্রাবতীর বন্ধু ও খেলার সাথী ছিল জয়ানন্দ নামে এক সমবয়সী ব্রাহ্মণ কুমার। ফুলেশ্বরীর নদীর তীরে পাতুয়ারী গ্রামে ছিল চন্দ্রাবতীর বাড়ি আর সেই নদীরই অন্য তীরে সুন্ধা গ্রামে মামার বাড়ীতে বসবাস ছিল জয়ানন্দের। ভোরবেলা ফুল তোলার সময় চন্দ্রাবতীর সাথে জয়চন্দ্রের পরিচয় ও সখ্য।

"ডাল যে নোয়াইয়া ধরে জয়ানন্দ সাথী।

তুলিল মালতি ফুল কন্যা চন্দ্রাবতী।।"

সময়ের সাথে সেই সখ্য পরিণত হয় প্রেমে। বিয়ের দিন ধার্য হয়। কিন্তু বিয়ের দিনই হঠাৎ করে, জয়ানন্দ ধর্মান্তরিত হয়ে বিয়ে করে বসেন, কাজী তনয়া আশমানীকে।

"না কান্দে না হাসে চন্দ্রা নাহি বলে বাণী।

আছিল সুন্দরী কন্যা হইল পাষানী।।

মনেতে ঢাকিয়া রাখে মনের আগুনে।

জানিতে না দেয় কন্যা জল্যা মরে মনে"।।

চন্দ্রাবতীর বিভিন্ন রচনায় নায়ক বা নায়িকাকে, দয়িত বা দয়িতা থেকে আলাদা করে তুলে নিয়ে যাওয়া, বন্দী করা বা বিয়ের জন্যে জোর করার বর্ণনা হয়তো এই ঘটনারই প্রতিফলন। এই ঘটনার পরও গুনী মেয়ে চন্দ্রাবতীর জন্যে সম্বন্ধ এসেছিল দেশ-বিদেশ থেকে, কিন্তু চন্দ্রাবতী জয়ানন্দকে ভালবেসে ঠকে ছিলেন বলেই হয়তো আর কোন পুরুষকে বিশ্বাস করে বিয়ে করতে চান নি, অথবা কাজী এবং কাজী কন্যা আশমানীকে দোষী সাব্যস্ত করে মনে মনে জয়ানন্দকেই ভালবেসে গেছেন আজীবন।

সেই সময় কুমারী বা আইবুড়ো থাকার কথা ভাবাটাই ছিল সামাজিক অপরাধের সমতুল্য। সমাজ "অরক্ষণীয়া" শব্দটি তুলে রেখেছিল সময়ে বিয়ে না হতে পারা কুমারী মেয়েদের জন্য। কিন্তু এমতাবস্থায়ও মেয়ের এই ব্যতিক্রমী সিদ্ধান্তের পথে অন্তরায় হয়ে দাঁড়াননি পিতা দ্বিজ বংশীদাস। সুশিক্ষিত, দৃঢ়চেতা মেয়ের উপর তাঁর ছিল প্রবল আস্থা, প্রচণ্ড বিশ্বাস, তাইতো যে দেশের সাধারণ

সমাজে আজও মেয়েদের মতামত ব্যক্ত করার খুব একটা অধিকার নেই, সেখানে দাঁড়িয়ে আজ থেকে চারশো বছর আগে একটি গ্রাম্য মেয়ে সারাজীবন কুমারী থাকার সিদ্ধান্ত নিতে পেরেছে আর গোটা পরিবার দিনের পর দিন সহযোগিতা করে গেছে, সেটা সত্যিকারেরই উল্লেখ করার মতন বিষয়। দ্বিজ বংশীদাস শুধু সিদ্ধান্তে সম্মতিই দেননি বরং মেয়েকে ভবিষ্যতের পথও দেখিয়েছেন।

"সম্বন্ধ আসিল বড় নানা দেশ হইতে।
একে একে বংশীদাস লাগে বিচারিতে।।
চন্দ্রাবতী বলে "পিতা, মম বাক্য ধর।
জন্মে না করিব বিয়া রইব আইবর।।
শিবপূজা করি আমি শিবপদে মতি।
দুঃখিনীর কথা রাখ কর অনুমতি।।
অনুমতি দিয়া পিতা কয় কন্যার স্থানে।
শিবপূজা কর আর লেখ রামায়ণে।।"

বলাবাহুল্য দ্বিজ বংশীদাস চন্দ্রাবতীকে তখনকার ব্রাহ্মণ্য সমাজের ধাঁচে গড়ে তুলেননি বরং প্রকৃত 'সন্তান' হিসাবে লালন পালন করেছেন এবং নির্দ্বিধায় নির্দেশ দিয়েছেন রামায়ণ রচনা করতে। চন্দ্রাবতীর লেখালেখি, গবেষণার জন্যে প্রয়োজনীয় একাগ্রতা আর মানসিক স্থিরতার উদ্দেশ্যেই সারাজীবনের সঞ্চয় উজাড় করে গড়ে তুলেছেন শিবমন্দির, যা আজও কালের সাক্ষী।

"নির্ম্মাইয়া পাষাণশিলা বানাইয়া মন্দির।
শিবপূজা করে কন্যা মন করি স্থির।।
অবসরকালে কন্যা লেখে রামায়ণ।
যাহারে পড়িলে হয় পাপবিমোচন।।"

বিয়ের কিছুদিনের মধ্যেই হাঁপিয়ে ওঠেন জয়ানন্দ। তিনি ফিরে আসতে চান আগেকার জীবনে কিন্তু ফিরে আসার রাস্তাই বা কোথায়। চন্দ্রাবতীকে পত্র লেখেন,

"শুনরে প্রাণের চন্দ্রা তোমারে জানাই
মনের আগুনে দেহ পুড়্যা হইছে ছাই।।

....

একবার দেখিব তোমায় জন্মশেষ দেখা।

একবার দেখিব তোমার নয়নভঙ্গি বাঁকা।।

একবার শুনিব কন্যা মধুরসবাণী।

নয়নজলে ভিজাইব রাঙ্গা পা দুইখানি।।

না ছুঁইব না ধরিব দূরে থাক্যা খাড়া।

পুণ্যমুখ দেখ্যা আমি জুড়াইব অন্তরা।।

শিশুকালের সঙ্গী তুমি যৈবনকালের মালা।

তোমারে দেখিতে কন্যা মন হইল উতলা।।

....

ভালো নাহি বাস কন্যা এই পাপিষ্ঠ জনে।

জন্মের মতন হইলাম বিদায় ধরিয়া চরণে।।

....

একবার দেখিয়া তোমায় ছাড়িব সংসার।

কপালে লেখ্যাছে বিধি মরণ আমার।।"

বাঙলার পুরনারী গ্রন্থে দীনেশচন্দ্র সেন লিখেন,"নয়নজলে ভিজাইব রাঙ্গা পা দুইখানি", মনের রঙে রাঙানো দয়িতার 'পা দুখানি'_এ যেন সাঁঝের বেলায় কুঞ্জলতার আড়ালে রাধিকাকে বলা কৃষ্ণের কথা-_ "মম শিরসি মন্ডনম্। দেহি পদপল্লবমুদারম্" (গীতগোবিন্দ) , তোমার উদার পদপল্লপবের একটু স্পর্শ আমায় -দাও তা আমার শিরের ভূষণ হয়ে থাকবে"।

জয়ানন্দের চিঠি পড়ে বিচলিত হয়ে উঠে চন্দ্রাবতীর মন। জয়ানন্দকে ক্ষমা করে, দেখা করতে চাইলেও ততদিনে ফুলেশ্বরী দিয়ে বয়ে গেছে অনেক জল, জয়ানন্দ ততদিনে জয়নাল, আশমানীর স্বামী। অশ্রুসিক্ত নয়নে পিতার মতামত জানতে চাইলেন চন্দ্রাবতী। পিতা বুঝেছিলেন কন্যার মনের অবস্থা

কিন্তু তখন আর উপায় নেই, লোকনিন্দা, কাজীর বিচারের ভয়, আরও অনেক কিছু ভেবেই হয়তো দ্বিজবংশী বলেন-

"শুন গো প্রাণের কন্যা আমার কথা ধর।
একমনে পূজ তুমি দেও বিশ্বেশ্বর।।
অন্য কথা স্থান কন্যা নাহি দিও মনে।
জীবন মরণ হইল যাহার কারণে।।"

বিষণ্ণ চন্দ্রাবতী মনে প্রানে আরও কঠোর তপতী হয়ে ওঠেন। শিব আরাধনা আর রামায়ণ রচনা হয়ে ওঠে তাঁর জীবন। পাগলপ্রায় জয়ানন্দ পাতুয়ারী গ্রামে চন্দ্রাবতীর সাক্ষাৎ পেতে ছুটে যান, দুয়ারে করাঘাত করে উচ্চস্বরে ডাকতে থাকেন,

"দ্বার খোল চন্দ্রাবতী , দেখা দেও আমারে।।"

ধ্যানস্থা চন্দ্রাবতী শুনতে পাননি জয়ানন্দের ডাক। দীনেশচন্দ্র সেনের মতে, চন্দ্রাবতী মগ্ন ছিলেন- "ইন্দ্রিয়াতীত ধ্যানে, যেখানে চৈতন্যের বিলোপ ঘটে সেখানে প্রেম ধরা দেবে কি করে? দয়িতের শেষ সম্ভাষণে প্রেমের যে নিগুঢ় ডাক ছিল, বর্ষা বিস্ফারিত নদীর যে বেগবান ধারা নিয়ে তা রুদ্ধ কপাটে করাঘাত করেছিল, তার উচ্ছাস, তার আতিশয্য, তার উতরোল আবেগ সবই ব্যর্থ হল। চন্দ্রাবতীর সাড়া পাওয়া গেল না। অপটু আঙ্গুলে একতাল পলি যেমন ব্যর্থ, শ্রুতিরুদ্ধ কানেও সে রকম প্রেমের আহবান ব্যর্থ"। শেষ পর্যন্ত আঙিনায় ছড়িয়ে থাকা মালতী ফুল নিংড়ে নিয়ে মন্দিরের দুয়ারে জয়ানন্দ লিখেন,

"শৈশব কালের সঙ্গী তুমি যৌবন কালের সাথী।
অপরাধ ক্ষমা কর তুমি চন্দ্রাবতী॥
পাপিষ্ঠ জানিয়া মোরে না হইলে সম্মত।
বিদায় মাগী চন্দ্রাবতী জনমের মত॥"

ধ্যান শেষে চন্দ্রাবতী জল আনতে গিয়ে দেখেন জয়ানন্দের নিথর দেহ ভাসছে ফুলেশ্বরীর বুকে। নয়ানচাঁদের ভাষায়,

"একেলা জলের ঘাটে সঙ্গে নাহি কেহ।

জলের উপরে ভাসে জয়ানন্দের দেহ॥

দেখিতে সুন্দর নাগর চান্দের সমান।

ঢেউয়ের উপর ভাসে পুন্নুমাসীর চান॥

আখিতে পলক নাহি মুখে নাই সে বাণী।

পারেতে দাঁড়াইয়া দেখে উমেদা কামিনী॥"

চন্দ্রাবতীর জীবনের করুণ কাহিনী আজও বিষয়বস্তু বাঙলার লোকগান, যাত্রা, পালা, নাটক, নভেল, সিনেমার।

গবেষকদের মতে দ্বিজ বংশীদাস ১৫৭৫ সালে মনসাভাসান বা পদ্মাপুরাণ রচনা করেন এবং এই রচনায় পিতার সহযোগিতা করেন চন্দ্রাবতী। বংশীদাসের মনসা কথা "পদ্মাপুরাণ" নামে পূর্ববঙ্গ ও উত্তরবঙ্গে বেশ জনপ্রিয় ছিল এবং এখনও গানগুলো পূর্ববঙ্গ, আসাম, ত্রিপুরা, উত্তরবঙ্গে গাওয়া হয়ে থাকে, বিশেষ করে শ্রাবণ মাসে। ১৯০৪ সালে পূর্ববঙ্গের পূর্ণচন্দ্র সিংহের উদ্যোগে কলকাতা থেকে দ্বিজ বংশীর "পদ্মাপুরাণ" প্রকাশিত হয়। যদিও অনেকের মতে বটতলা থেকে এই পদ্মাপুরাণ প্রকাশিত হয়েছিল এর অনেক আগেই। ১৯১১ সালের পাশাপাশি সময়ে, দ্বারকানাথ চক্রবর্তী ও রমানাথ চক্রবর্তীর সম্পাদনায় দ্বিজবংশীর পদ্মাপুরাণের একটি সংস্করণ প্রকাশিত হয়। সেই সংস্করণের "গোত্রবল" এর শেষে কাব্যরচনার তারিখ এইভাবে নির্দেশিত হয়েছে।

"জলধির বামেত ভুবন মাঝে দ্বার।

শকে রচে দ্বিজবংশী পুরাণ পদ্মার।।"

জলধির মানে ৭, ভুবন মানে ১৪, দ্বার ৯ অর্থাৎ সময়টা ১৪৯৭ শকাব্দ , যা ইংরাজী ক্যালেন্ডার অনুযায়ী ১৫৭৫ খ্রিস্টাব্দ। দীনেশচন্দ্র সেন "বঙ্গভাষা ও সাহিত্য গ্রন্থে বলেছেন, "মনসামঙ্গল রচনার সময় চন্দ্রাবতীর বয়ঃক্রম প্রায় ২৫ বছর ধরিয়া লইলে ১৪৭২ শকে অর্থাৎ ১৫৫০ সালে তিনি জন্মগ্রহণ করিয়াছিলেন, এইরূপ নির্দেশ করা যাইতে পারে" । ১৬০০ সালের কাছাকাছি কোনো এক সময়ে তিনি মারা যান। নয়ানচাঁদ ঘোষ যখন কাব্য লেখেন এর পঞ্চাশ বছর আগেও চন্দ্রাবতী জীবিত ছিলেন আর বেশ বড় কবি হিসেবেই প্রতিষ্ঠিত ছিলেন লোকমানসে।

চন্দ্রাবতী রামায়ণ, মূল রামায়ণের এক ভিন্নধারার পুনঃ কথন বা retelling যেখানে মূলচরিত্র সীতা এবং সীতার বারোমাসি বা যাপনকথাই এই রামায়ণের বিষয়বস্তু। আয়তনের দিক থেকে দেখতে গেলে, বিশালাকার সপ্তকাণ্ড রামায়ণের তুলনায় এই রামায়ণ অতিক্ষুদ্র । ক্ষুদ্র আয়তন এবং পালাবদ্ধ গীতের জন্যেই এই রামায়ণ পল্লীবালাদের কণ্ঠে গীত হওয়ার ক্ষমতা অর্জন করতে পেরেছে। মূল বাল্মীকি রামায়ণের কাণ্ডগত বিভাজন এখানে পুরোপুরি অনুপস্থিত। এটি মোট তিন খণ্ডে বিভক্ত।

প্রথম খণ্ডের নাম জন্মলীলা, এখানে রয়েছে মোট আটটি অধ্যায় যেমনঃ

১। লঙ্কার বর্ণনা

২। রাবণের স্বর্গ জয়।

৩। রাবণ কর্তৃক মর্ত্য এবং পাতাল বিজয়

৪। সীতার জন্মের পূর্বসূচনা, এবং মন্দোদরীর গর্ভ সঞ্চার ও ডিম্ব প্রসব

৫। মাধব জালিয়া এবং সতা জাল্যানী

৬। ডিম্ব নিয়ে জনক মহিষীর কাছে সতার গমন

৭। রামের জন্মের পূর্ব সূচনা

৮। রাম, লক্ষ্মণ, ভরত, শত্রুঘ্নের জন্ম, কুকুয়ার জন্ম

দ্বিতীয় খণ্ডের আলাদা কোন নাম নেই, তবে এতে রয়েছে দুটো অধ্যায়,

১। বনবাস পূর্ববর্তী জীবনের কাহিনী

২। বনবাস

তৃতীয় খণ্ডেরও কোন নাম নেই, তবে এতে রয়েছে নয়টি অধ্যায়।

১। সীতার বনবাসের পূর্ব সূচনা

২।কুকুয়ার চক্রান্ত

৩। রামচন্দ্রের কাছে সীতার বিরুদ্ধে কুকুয়ার মিথ্যা অভিযোগ

৪। রামচন্দ্রের সীতাকে বনবাসে পাঠানোর সিদ্ধান্ত

৫। সীতার বনবাস

৬। সীতাকে বাল্মীকি মুনির আশ্রয়দান এবং লব-কুশের জন্ম

৭। রামচন্দ্রের অশ্বমেধ যজ্ঞের সিদ্ধান্ত

৮। সীতার সঙ্গে হনুমানের সাক্ষাত

৯। সীতার অগ্নি পরীক্ষা এবং পাতাল প্রবেশ

বাল্মীকি থেকে কৃত্তিবাস সবাই রামায়ণ লিখেছেন রামকে কেন্দ্র করে, কিন্তু চন্দ্রাবতীর রামায়ণ আরম্ভই হয়েছে সীতার জন্ম বৃত্তান্ত থেকে। সীতার জন্ম বৃত্তান্ত নিয়ে লিখতে গিয়ে ভিন্ন ভিন্ন কবি এবং লেখকেরা ভিন্ন ভিন্ন কাহিনী আশ্রয় করেছেন। মহাভারতের রামোপাখ্যান এবং আচার্য বিমলাসুরী বিরচিত, পৌমাচারিয়া রামায়ণ অনুসারে সীতা শীরধ্বজ জনকের আত্মজা। কাশ্মীরি পণ্ডিত ক্ষেমেন্দ্রের রামায়ণ মঞ্জরী আর বাঙলার কৃত্তিবাসী রামায়ণ অনুসারে সীতার পিতা জনক আর মাতা অপ্সরা মেনকা। সঙঘদাসের জৈন রামায়ণ অনুসারে , সীতা, রাবণ এবং রাবণপত্নী মন্দোদরীর প্রথম সন্তান। ভবিষ্যদ্বাণীর কারণে রাবণ এই সন্তানকে প্রত্যাখ্যান করেন। গুনভদ্রের উত্তরপুরাণ অনুসারে, লঙ্কার রাজা রাবণ, অলকাপুরীর রাজা অমিতবেগের কন্যা, মণিবতীর তপস্যা নষ্ট করতে চাইলে তিনি রাবণের মৃত্যুর কারণ হওয়ার ইচ্ছা নিয়ে দেহত্যাগ করেন এবং রাবণেরই কন্যা সীতারূপে তাঁর পুনর্জন্ম হয়। কন্যার জন্মক্ষণে জ্যোতিষীরা এই নিয়ে ভবিষ্যদ্বাণী করার কারনে, কন্যাসন্তানটিকে একটি ঝুড়িতে করে মিথিলার মাটীতে রেখে দিয়ে আসে রাবণের অনুচরেরা।

রামায়ণের অনেকগুলো সংস্করণ অনুযায়ী সীতা, বৃহস্পতি তনয় ব্রহ্মর্ষি কুশধ্বজের কন্যা বেদবতীর পুনর্জন্ম। রাবণ বেদবতীর সৌন্দর্যে বিমোহিত হয়ে তাকে বিয়ের প্রস্তাব দিয়েছিলেন এবং বেদবতীর দ্বারা প্রত্যাখ্যাত হয়ে জোর করে তাঁকে তুলে নিয়ে যেতে চাইলে, বেদবতী আরও একবার জন্মগ্রহণ করবেন এবং রাবণের মৃত্যুর কারণ হবেন এই অভিশাপ দিয়ে দেহত্যাগ করেন। অদ্‌ভুত রামায়ণ অনুসারে, রাবণপত্নী মন্দোদরী আত্মহত্যার ইচ্ছায়, রাবণদ্বারা সংগৃহীত কলস থেকে ঋষি-মুনির রক্ত পান করলে গর্ভবতী হয়ে পড়েন এবং সীতার জন্ম হয়। রাবণের নির্দেশে, রাবণের অনুচরেরা পরবর্তীকালে সেই সন্তানটিকে ছেড়ে দিয়ে আসে সুদূর মিথিলার মাটীতে, যেখানে রাজা জনকের কন্যারূপে প্রতিপালিতা হন সীতা।

চন্দ্রাবতী রামায়ণ অনুসারেও, এভাবেই গর্ভসঞ্চার হয় মন্দোদরীর, কিন্তু স্বকীয়তা বজায় রাখতেই হয়তো, চন্দ্রাবতী মন্দোদরীকে দিয়ে ডিম্ব প্রসব করিয়েছেন এবং সেই ডিম্ব সমুদ্র হয়ে পৌঁছেছে মিথিলার

মৎস্যজীবী মাধব এবং মাধব পত্নী সতার কাছে। সতা আবার স্বপ্ন দেখে সেই ডিম্বকে পৌঁছে দিয়েছেন জনক মহিষীর কাছে। সেই অর্থে এখানে সীতার মা তিনজন, মন্দোদরী, সতা এবং জনক মহিষী। চন্দ্রাবতীর রামায়ণ অনুসারে সতা নাম থেকেই সীতা নামের সৃষ্টি, তাও আবার সতারই অনুরোধে। বাঙলার জলাভূমিতে চন্দ্রাবতী এবং দ্বিজবংশী দুজনেই খুব আপন। সর্পদেবী মনসার কীর্তন পদ্মাপুরান যে দ্বিজবংশীর হাত ধরে, সেই দ্বিজবংশীসূতা চন্দ্রাবতী, মৎস্যজীবী মাধব আর মাধব পত্নী সতা চরিত্রের মাধ্যমে সীতার জন্ম গ্রহন করিয়ে,বাঙলার হাওয়র এলাকার মহিলাদের কণ্ঠে তুলে দিয়েছেন তাদের নিজস্ব রামায়ণ , যেখানে সীতা হয়ে উঠেছেন তাদেরই স্নেহের কন্যা। এই রামায়ণের মূল বিষয় তাই যুদ্ধ, নীতিকথা, ভক্তি বা কারুণ্য নয়, বরং এই রামায়ণ নারীর আটপৌরে জীবন সংগ্রামের জীবন্ত দলিল। বাল্মীকি রামের জন্ম থেকে রামায়ণ কথা শুরু করলেও, চন্দ্রাবতী সীতার জন্মের পর এসেছেন রামের জন্ম প্রসঙ্গে। রামের জন্ম বর্ণনায়ও চন্দ্রাবতী, বাল্মিকী বর্ণিত পুত্রকামেষ্ঠী যজ্ঞ এবং ঋষ্যশৃঙ্গ মুনির উপাখ্যানকে গ্রহণ না করে অন্য ধারার গল্প যোগ করেছেন। চন্দ্রার মতে দশরথ সন্তানহীন হওয়ার কারণে অনশনে দেহত্যাগ করার সিদ্ধান্ত নেন আর ঠিক তখনই হঠাৎ এক ঋষির আগমন ঘটে। ঋষি, রাজা দশরথ কে একটি ফল প্রদান করেন। সেই ফল দশরথ তুলে দেন কৌশল্যাকে, কৌশল্যা ফলটিকে কেটে কৈকেয়ী এবং সুমিত্রাকেও দেন, এবং সেই থেকে রাম , লক্ষ্মণ, ভরত ও শত্রুঘ্নের জন্ম । লোভী কৈকেয়ী সুমিষ্ট ফলের সাথে বেশী সংখ্যক সন্তান লাভের আশায় তেতো বীজ ও গ্রহণ করেন, যার ফলে ভরতের মতন সুসন্তানের সাথে, কুকুয়ার মতন কুসন্তানেরও জন্ম দেন। কুকুয়া নামে “কু” যা অমঙ্গলসূচক, ধ্বনিত হয় দুবার।

বাল্মীকি রামায়ণে এক অনালোচিত চরিত্র রামের বোন শান্তা। শান্তার জন্ম হয়েছিল কৌশল্যার গর্ভে, রামের জন্মের বেশ আগে। রাজা দশরথ শান্তাকে দত্তক হিসেবে দিয়েছিলেন, রাজা রোমপাদের কাছে। পরবর্তীকালে শান্তার বিয়ে হয় ঋষ্যশৃঙ্গ মুনির সাথে। চন্দ্রাবতী নিজের রামায়ণে শান্তাকে না এনে , এনেছেন কৈকেয়ীকন্যা কুকুয়া কে। বাল্মীকি রামায়ণে কৈকেয়ীর কোনও কন্যা ছিলেন বলে উল্লেখ নেই, তবে চন্দ্রাবতী রামায়ণের কৈকেয়ীকন্যা কুকুয়া,মালয়দ্বীপের রামায়ণের কিকেবী দেবীর সঙ্গে একাত্ম। চন্দ্রাবতীর, কুকুয়াই রাম এবং সীতার সম্পর্কের নিয়ন্ত্রা শক্তি। রামের মনে সীতার প্রতি

সন্দেহের জাগরণ এবং সীতার বনবাসের পেছনে কোন ধোপা বা অয্যোধ্যাবাসী নয়, কুকুয়ারই ষড়যন্ত্র কাজ করেছে। কুকুয়া এই রামায়ণে অশুভ শক্তির প্রতীক, তাই জন্মমাত্র ,

"ভূমিষ্ট হইলো কইন্যাগো, যখন কৈকেয়ীর ঘরে।

ভয় পায়্যা গোহালের গাভী গো, ঘন ডাক ছাড়ে।।"

বাল্মিকী রামায়ণে রাম লক্ষ্মণ ভরত শত্রুঘ্নের জন্মের পর রাজপরিবার ও প্রজা দ্বারা আনন্দ উৎসব পালনের উল্লেখ রয়েছে কিন্তু তা অবশ্যই ধ্রুপদীয় ধারায়। চন্দ্রাবতী রামায়ণ মেয়েদের রামায়ণ বলেই হয়তো লৌকিক উপাদানে ভরপুর। এখানে রাম লক্ষ্মণ ভরত শত্রুঘ্নের জন্মের পর তাদের মঙ্গলকামনায় পূজিতা হচ্ছেন গ্রাম বাঙলার লৌকিক দেবীরা।

" মঙ্গলচণ্ডীরে পূজে গো, দেবী সুবচনী।

বনদুর্গা দেবীরে পূজে গো, ডরায়্যা ডাকিনী।।

শীতলা ষষ্ঠীরে পুজা গো, করে বিধি মতে।

মনসা দেবীরে পুজে গো, নেতার সহিতে।।

চন্দ্রাবতী রামায়ণের দ্বিতীয় খণ্ড আরম্ভ হয়েছে বনবাস থেকে ফিরে আসার পর । সখীদের অনুরোধে অযোধ্যার পাটরাণী সীতা, চৌদ্দ বৎসরের বনবাসের পূর্ববর্তী সময় এবং বনবাসকালের বর্ণনা দিচ্ছেন এখানে। বাল্মীকি রামায়ণ অনুসারে রাম সীতার প্রথম দেখা হরধনু ভঙ্গের পর কিন্তু এই রামায়ণে সীতা বলছেন তাঁর প্রথম সাক্ষাত রামের সঙ্গে স্বপ্নের মাধ্যমে, যখন শ্রীরাম স্বপ্নে এসে জানিয়েছেন তিনি হরধনু ভঙ্গ করে সীতা কে নিয়ে যেতে আসছেন। এই খণ্ডেই সীতার মুখে আমরা শুনতে পাই উনার বারোমাসি। "বারোমাসি" শব্দটি অর্থগতভাবে বারো মাসের কথা বলে, এটি বাংলার সাহিত্যিক ধারাবিশেষ, যা গ্রামীণ জীবনের বারো মাসের অভিজ্ঞতা, বাংলার প্রকৃতি ও মানুষের সম্পর্ককে গভীরভাবে তুলে ধরে, এবং গ্রামীণ সংস্কৃতির প্রতিফলন এবং প্রকৃতির রূপান্তরকে কবিতার মাধ্যমে চিত্রায়িত করে। বারোমাসি, বাংলা সাহিত্যের লৌকিক ধারা থেকে উৎসারিত, এবং এটি বাংলা কাব্যে মানুষের জীবনের আনন্দ-বেদনা, ঋতু পরিবর্তনের রূপকথা এবং গ্রামীণ সংস্কৃতির খতিয়ান। সীতার বারোমাসি শুরু হয়েছে বৈশাখ মাসে, যেখানে সীতা বনবাস যাত্রার পর, প্রথম প্রথম কি ধরনের সমস্যার সম্মুখীন হয়েছিলেন সেই নিয়ে কথা বলছেন, ক্রমে ক্রমে শত প্রতিকূলতা সত্বেও কিভাবে পরস্পরের

সাহচর্যে স্বামী-স্ত্রী দুজনেই হয়ে উঠেছেন রোম্যান্টিক, ভয়াল বন ও হয়ে উঠেছে আনন্দের ঠিকানা সেই কাহিনী ও শোনা যাচ্ছে সীতার মুখে। সীতা বারবার দেবর লক্ষ্মণের গুন এবং ত্যাগ ও বর্ণনা করেছেন নিজের বারোমাসিতে। চন্দ্রাবতী সীতাহরণ থেকে শুরু করে রাবণবধ পর্যন্ত রামায়ণ কথা বসিয়ে দিয়েছেন সীতার বারোমাসির মাধ্যমেই।

তৃতীয় বা শেষ খণ্ড শুরু হয়েছে সীতার বনবাসের পূর্ব সূচনা থেকে, আর শেষ সীতার পাতাল প্রবেশে। এখানে মূল খল নায়িকা কুকুয়া, সে নারী হয়ে সর্বনাশ ডেকে এনেছে নারীর জীবনে।

প্রেমে তীব্র আঘাত পাওয়ার কারণেই হয়তো চন্দ্রাবতী, খুঁজে বের করতে চেয়েছিলেন প্রকৃত প্রেমের পরিভাষাকে, নিজের রামায়ণের চরিত্রদের মধ্যেই খুঁজে ফিরেছেন তিনি সফল প্রেম, সফল দাম্পত্যের চাবিকাঠি । চন্দ্রাবতী রামায়ণে রাবণ-মন্দোদরী, মাধব-সতা, রাম-সীতা তিন দম্পতির তিন ধরনের জীবন ও প্রেম যেন তাঁরই গবেষণার ভিন্ন অধ্যায়।

রাবণ ও মন্দোদরীঃ এখানে প্রতিফলন সেই প্রেমের, যা কাছাকাছি বা একসাথে থেকেও হারিয়ে যায়। রাবণ ও মন্দোদরীর মধ্যেও প্রেম ছিল, জীবনে প্রাচুর্য ছিল, কিন্তু রাবণের পরনারী লোলুপতার জন্যে তাদের সেই প্রেম এবং দাম্পত্য দুটোই অসম্পূর্ণ।

"অশোক কাননে রাবণ গো, সুখে করে কেলি,

অন্দরমহলে রাণী গো , কান্দে চোখের জল ফেলি।।"

মন্দোদরী, রাবণের পাশাপাশি থেকেও পাননি ভালোবাসা। পারেননি রাবণকে অধর্মের পথ থেকে আটকাতে বরং নিজে আত্মহত্যার চেষ্টা পর্যন্ত করেছেন।

"বহুবল্লভ মন্দোদরী গো, জানিয়া রাবণে।

কোটরায় আছিল বিষ গো, পড়িয়া গেল মনে।।

যে বিষ খাইয়া গো মরে দেবতা অমর।

আমি কেনে নাহি খাই, সেই কালজর।।

এতেক ভাবিয়া রাণী গো, কোন কাম করিল।

কৌটায় আছিল বিষ গো, মুখে তুলি দিল।।"

রাবণের কাছে মন্দোদরীর সব অনুভূতিই অর্থহীন, মূল্যহীন। তাই রাবণ যখন মন্দোদরীর ডিম্বটিকে নষ্ট করার সিদ্ধান্ত নিলেন, তখন মন্দোদরী সন্তানের সুরক্ষায় ব্যর্থ , চোখের জল ফেলা ছাড়া উনার আর কোন উপায়ই নেই।

"কান্দিল মায়ের প্রাণ গো, এই কথা শুনিয়া।

দরদর চোখের জলে গো, বক্ষ যায় যে ভাসিয়া।।"

মাধব ও সতাঃ এখানে প্রতিফলন শাশ্বত দাম্পত্য প্রেমের, যা দৈনন্দিন স্নেহ, মায়া, মমতার মর্যাদায় ভাস্বর। মাধব ও সতা, গরীব জেলে দম্পতি কিন্তু চন্দ্রাবতীর ভাষায়ঃ

"পাতালতার ঘরখানি গো, ভাঙা বেড়া তায়।

স্বামী বুকে নিয়ে সতা গো, সুখে নিদ্রা যায়।।"

চন্দ্রাবতী, মাধব-সতার প্রেমকে ফুটিয়ে তুলতে গিয়ে বলেন,

"সতী নারীর সাধু পতি গো, যদি থাকে ঘরে।

খাওয়নের পিন্ধনের দুঃখ গো, নাই সে অন্তরে।।"

চন্দ্রাবতী, নিজের পিতা-মাতা, দ্বিজবংশী-সুলোচনার মধ্যেও এই দাম্পত্য প্রেমেরই সাক্ষাত পেয়েছিলেন বলেই হয়তো, নিজের জীবনেও এই আদর্শ প্রেমকেই খুঁজছিলেন, যা তাঁর ভাগ্যে কোনোদিনই ছিল না। চন্দ্রাবতীর গল্পে তাই লক্ষ্মী অধিষ্ঠান হয় মাধব সতার ঘরেই। দ্বিজবংশী-সুলোচনার চন্দ্রাই যেন, মনসাভক্ত মাধব-সতার সীতা।

রাম ও সীতাঃ এখানে প্রতিফলন সেই প্রেমের, যা কোনভাবেই হারিয়ে যায় না। ভৌগোলিক গণ্ডীর ওপারে দুটো আত্মার অমোঘ আকর্ষণ যা চিরকাল ধরে একে অপরকে ভালবাসতে বাধ্য কিন্তু সামান্য কোন ভুলের কারণে পরিণতি পেতে গিয়েও পেতে পারে না। সীতা, রামকে ভালো না বাসলে বনে যেতেন না, সুখ-সুবিধা, প্রাচুর্য হেলায় ত্যাগ করতে পারতেন না , দিনরাত রামের সেবা করতেন না, লঙ্কায় বন্দিনী দশায় রামের পথ চেয়ে থাকতেন না। রামও , সীতা কে ভালো না বাসলে লঙ্কা পর্যন্ত ছুটে গিয়ে সীতাকে ফিরিয়ে আনতেন না। কাছে অথবা দূরে, দুজনেই দুজনকে ভালবেসে গিয়েছেন চিরকাল। সীতা অমানুষিক কষ্ট সহ্য করে লব-কুশকে একা হাতে বড় করেছেন, কিন্তু রামকে অশ্রদ্ধা করেননি, বরং দোষ দিয়েছেন নিজের ভাগ্যকে, রামও সীতাকে বনবাসে পাঠিয়ে সুখের মুখ দেখেন নি,

যে যুগে বহুবিবাহ সাধারণ প্রথা ছিল, সে যুগে অশ্বমেধ যজ্ঞ পর্যন্ত করেছেন স্বর্ণ সীতাকে স্থাপন করে, দ্বিতীয় নারীর কথা স্বপ্নেও ভাবতে পারেন নি। তবে এই আগলে রাখা প্রেমেও বিরহ কেন?এর কারণ আরেক নারীর চক্রান্ত। কুকুয়া যেমন রাম-সীতার জীবন নষ্ট করেছিল, ঠিক তেমনটাই করেছিল,আশমানী। সীতা হেরেছিলেন ননদিনী কুকুয়ার কাছে, আর চন্দ্রাবতী আশমানীর কাছে। তাই কুকুয়ার জন্মের অশুভ লক্ষন ব্যক্ত করতে চন্দ্রাবতী জেনে বুঝেই লিখে গেছেন "আশমানের সূর্য ঠাকুর গো, মুখ লুকাইল/ দিনের দুই প্রহর বেলায় গো, আন্ধারে ঘেরিল"। সীতার মধ্যে চন্দ্রা নিজেকে খুঁজে পেয়েছেন তাই রামায়ণ জুড়ে সীতা হয়ে উঠেছেন চন্দ্রাবতীর অন্তরঙ্গ সখী। রামের মুহূর্তের ব্যক্তিত্বহীনতা বিজয়তিলক এঁকেছিল কুকুয়ার কপালে, জয়ানন্দেরও মুহূর্তের ব্যক্তিত্বহীনতা জয়ী করেছিল আশমানীকে। তাই চন্দ্রাবতী রামকে ভৎসনা করে বলেন

" পরের কথা কানে লইলে গো, নিজের সর্বনাশ।
চন্দ্রাবতী বলে রাম গো, তোমার বুদ্ধি হইলো নাশ।।"

এই ভৎসনা হয়তো শুধু রামের জন্য নয়, জয়ানন্দের জন্যেও। ঠিক যেমনটা সীতা হারিয়ে গেলেন রামের জীবন থেকে, আর শেষ পর্যন্ত রাম জল সমাধি নিলেন, চন্দ্রাকে চিরতরে হারানোর পর ফুলেশ্বরী নদীতে প্রাণ দিতে বাধ্য হলেন জয়ানন্দ ।

কিন্তু সত্যিকারের প্রেম কক্ষনো পরাজিত হয়না । রাম-সীতার জন্যে যখন পাঠক পাঠিকার চোখ ছলছল, তখন পরাজয় কুকুয়ার। যখন জয়ানন্দের ফিরে আসা ক্ষমা প্রার্থনায়, যখন পাঠকের হয়ে ওঠা জয়-চন্দ্রাবতীপ্রাণ , তখন পরাজয় আশমানীর।

চন্দ্রাবতী ভাষা দিয়েছেন সীতার মনের কথাকে, তাই এটি সীতায়ণই বটে, কিন্তু যেহেতু রামের নামে মুক্তি, ভক্তি তাই চন্দ্রাবতী সীতায়ণকে রামায়ণের মোড়কে প্রস্তুত করেছেন সমাজের সামনে। অনেকেরই মতে জয়ানন্দের মৃত্যুর পর চন্দ্রাবতী এই রামায়ণের কাজ আর এগিয়ে নিয়ে যেতে পারেননি , তাই এটি অসম্পূর্ণ কিন্তু গ্রাম বাঙলার লোকমানস এটাকে হারিয়ে যেতে দেয়নি, বরং সাধ্যমত চেষ্টা করেছে সম্পূর্ণ করার । রায় বাহাদুর দীনেশচন্দ্র সেনের সম্পাদনায়, অসম্পূর্ণ ভাবেই প্রকাশিত হয়েছিল চন্দ্রাবতীর রামায়ণ। ১৯৬৬ সালে দীর্ঘ ৩৬ বছর গবেষণার পর চন্দ্রাবতী রচনাবলীর নতুন সংস্করণ খুঁজে পেয়েছিলেন ক্ষিতীশচন্দ্র, যা ১৯৭৫ সালে প্রকাশের ব্যবস্থা করেন স্বয়ং সুনীতিকুমার চট্টোপাধ্যায়।

চন্দ্রাবতী রামায়ণের ১৯৭৫ সালের সংস্করণের ভূমিকায় ক্ষিতীশচন্দ্র বলেন" মাননীয় ডক্টর দীনেশচন্দ্র সেন মহাশয় তাঁহার সম্পাদিত "পূর্ববঙ্গ গীতিকা" চতুর্থ খণ্ডে মহিলা কবি চন্দ্রাবতী দেবী বিরচিত রামায়ণ অসম্পূর্ণ অবস্থায় প্রকাশ করিয়াছেন। আমরা যাহা প্রকাশ করিয়াছি ইহাও সম্পূর্ণ রচনা কিনা সে বিষয়ে আমার সন্দেহ আছে। এই সন্দেহের কারণ, রচয়িতা দেবী চন্দ্রাবতীর জীবন কাহিনী"। শ্রদ্ধেয়া ড. নবনীতা দেব সেনের মতে, সংযোজিত অংশে রামায়ণটির মধ্যে কিছু প্রকৃতিগত পরিবর্তন দেখা যায়, যেমন পুরুষকেন্দ্রিকতার ছাপ। আগের অংশে "শোন সখীগন" শব্দের মাধ্যমে সম্বোধন করা হচ্ছিল শ্রোতাদের, পরবর্তীকালে সংযোজিত অংশে এটি পরিবর্তিত হয় "শোন সভাজন" এ। গবেষকেরা মনে করেন, চারণকবিরা এই রামায়ণ হাটে বাজারে, পুরুষদের মধ্যে গাইছিলেন বলেই এই পরিবর্তন। ক্ষিতীশচন্দ্র মৌলিকের মতে, চন্দ্রাবতী সম্পূর্ণ রামায়ণ কাহিনীই রচনা করেছিলেন, কিন্তু এর অনেকটাই হারিয়ে গেছে কালের গর্ভে। ড. অনুপ কুমার সাঁতরার মতে "রামায়ণের যেটুকু অংশ মেলে কবি সেটুকুই রচনা করেছিলেন, এর অধিক রচনা করেননি। "চন্দ্রাবতী রামায়ণ" একটি অসম্পূর্ণ পাঠ, একটি অসম্পূর্ণ রামায়ণ"। তিনি মনে করেন হয়তো চন্দ্রাবতী ইচ্ছে করেই শুরু থেকে শেষ অব্দি সীতার কাহিনী তুলে ধরেছেন। আমারও ব্যক্তিগত মতামত একই। গল্পের শেষ প্রান্তে এসে কুকুয়া শান্তি পেয়েছে,

"পুড়িয়া গেল মস্তকের কেশ গো, পুড়িয়া গেল মুখ।

জ্বলিয়া মরিলাম বলিয়া কুকুয়া গো, কান্দে পাইড়া বুক।।

আর সীতার পবিত্রতা প্রমাণিত ও হয়েছে, কিন্তু ততদিনে সীতা স্বয়ংসম্পূর্ণা, তাই অযোধ্যায় ফিরে যাবার তাঁর কোন আগ্রহই নেই।

" কুকুয়ার কাঁদন দেখিয়া গো, সীতা ঠাকুরানী।

হস্ত বুলাইয়া কুকুয়ার গো, শীতল করিল জ্বলুনি।।

....

এমন সতীনারী সীতা গো, হস্তে আগুন নিভাই।

হেন নারীরে সন্দেহ করিয়া গো, পরীক্ষার কাম নাই।।"

সীতার পাতাল প্রবেশের পর রাম আর সীতা দুজনের জন্যেই মন ভারাক্রান্ত হয়ে উঠেছে কবির

" দুষ্ট লোকের কথা শুনিয়া গো, কি কাম করিল।

জন্মের মতন রাম গো, সীতাকে হারাইল।।"

চন্দ্রাবতী তাঁর ক্ষুদ্র রামায়ণের মাধ্যমে অনেক সত্যই তুলে ধরেছেন সমাজের সামনে। অনেকেই বলেছেন চন্দ্রাবতীর অন্য রচনার তুলনায় এই রচনার কাব্যগুন কিছুটা হলেও কম কিন্তু এই রামায়ণের গভীর অধ্যয়নে এই কথার অপ্রাসঙ্গিকতা স্পষ্ট। ড.নবনীতা দেবসেন যখন চন্দ্রাবতীর জন্মস্থানে গবেষণার উদ্দেশ্যে গেলেন, তখন কিছুটা হতাশই হলেন, কারণ সময়, সমাজ, রাষ্ট্রধর্মের পরিবর্তনে মেয়েরা ভুলেছে রামায়ণী গান। কিন্তু তিনি নিজেই অবাক হলেন যখন চন্দ্রাবতীকে খুঁজে পেলেন বিয়ের গানে কখনও সীতার অধিবাস বর্ণনায়, কখনো সাধভক্ষণে লবকুশের জন্ম গীতিতে। নবনীতার মতে, চন্দ্রাবতী লিখে গেছেন দুই ধারায়, ১) মার্জিত শিক্ষিত পুরুষ পাঠক, শ্রোতার ধারায় (যে ধারায় লিখে গেছেন তাঁর পিতা দ্বিজবংশী), আর ২) গ্রাম্য নারী শ্রোতা পাঠিকাদের ধারায়, যাদের তথাকথিত শিক্ষা বা অক্ষরজ্ঞান হয়তো ততোটা ছিলনা , কিন্তু তাদের জীবনের ব্যাপ্তি, গভীরতা, অভিজ্ঞতা বিশাল (নবনীতার মতে এই ধারায় হয়তো চন্দ্রাবতীর মা ও কাজ করে গেছেন) । চন্দ্রাবতী দুটো ধারায়ই সমান ভাবে সফল। চন্দ্রাবতীর রামায়ণ চারশো বছর আগে, হয়ে উঠেছিল পল্লীনারীর অন্তরের ভাষা। ভারতবর্ষে যেখানে মহিলাদের জন্যে মহিলা বিরচিত রামায়ণের সংখ্যা নগন্য সেখানে চন্দ্রাবতী সত্যিই এক শুকতারা, যিনি আলো ঝরিয়েছিলেন,নারীজাগরণের উষালগ্নের প্রাক মুহূর্তে।

ড. পিংকি পুরকায়স্থ (চন্দ্রানী)

MSc (Environment), MA (Folklore and Culture Studies), UGC NET, PhD, PGDCA, PGDRD

চন্দ্রাবতীর রামায়ণ

১

লঙ্কার বর্ণনা

সাগরের পারে আছে গো কনক ভুবন।
তাহাতে রাজত্বি করে গো লঙ্কার রাবণ॥

বিশ্বকর্ম্মা নির্ম্মাইল গো রাবণের পুরী।
বিচিত্র বর্ণনা তাহার গো কহিতে না পারি॥
যোজন বিস্তার পুরী গো দেখিতে সুন্দর।
বড় বড় ঘরগুলি গো পাহাড় পর্ব্বত॥

সাগরের তীরে লঙ্কা গো করে টলমল।
হীরামন মানিক্যিতে গো করে ঝলমল॥
বড় বড় পুষ্কু'নী গো বান্ধ্যা চারিধার।
সোণায় রূপায় বান্ধ্যাইল ঘাট অতি চমৎকার॥

স্বর্গপুরে আছে যথা ইন্দ্রের নন্দন।
সেইমতে লঙ্কাপুরে গো অশোকের বন॥

এক দিনে দুটি ফুল গো বচ্ছরে না বাসি।
তা দিয়ে সাজান করে গো যতেক রাক্ষসী॥
বারমাস ফলে বৃক্ষে গো অদ্ভুত রসাল।
পাকনা ফলের ভরে গো ভাইঙ্গা পড়ে ডাল॥

রাত্রিতে প্রদীপ জ্বালে গো না নিভে দিবসে।
নিশিদিন কাটে সবে গো গীত-বাদ্য-রসে॥
পক্ষী যদি উড়ে যায় গো যায় দুই সারে।
চন্দ্র সূর্য্য গো দূর হইতে নমস্কার করে॥
বড় বড় ঘরগুলি গো পাহাড় পর্ব্বত।
তাহাতে বসতি করে গো রাক্ষসেরা যত॥
সোণায় ছাইয়া ঘর গো রূপায় দিছে বেড়া।
জমিনে থাকিয়া ঠেকে গো আসমানেতে চূড়া॥

রাবণের কেলিগৃহ গো তাহার মাঝখানে।
চান্দেরে বেড়িয়া যেন গো শোভে তারাগণে॥
হাজার-দুয়ারী ঘর গো আরে ঝিলিমিলি।
সোণার কপাট মধ্যে গো রূপার দিছে খিলি॥
হীরামণ মাণিক্য দিয়া গো করেছে সাজন।
এমন সুন্দর ঘর গো নাহি ত্রিভুবন॥

রূপেতে রূপসী যত গো রাক্ষস-কামিনী।
পারিজাত ফুলে তারা গো বিনাইয়া বান্ধে বেণী॥
মণি-মাণিক্যেতে কেউ গো চাচর কেশ বান্ধে।
বায়ু সুরভিত হয় গো শ্রীঅঙ্গের গন্ধে॥
হীরামণ-মাণিক্য গো অঙ্গে পায় লাজ।
দণ্ডে দণ্ডে ধরে তারা গো নব রঙ্গের সাজ॥
সোণার পালঙ্কে তারা গো শুইয়া নিদ্রা যায়।
দেবের অমৃত তারা গো সুখে বৈস্যা খায়॥

বিচিত্র সুবর্ণ লঙ্কা গো নির্মাইল বিশাই ।
এমন বিচিত্র পুরী গো ত্রিভুবনে নাই ॥
বড়ই দুরন্ত রাজা গো দেবে নাহি ডরে ।
অমর হইয়াছে দুষ্ট গো বিরিঞ্চির বরে ॥
ইন্দ্র আদি দেবতাগণ গো রাবণে করে ডর ।
কেবল তাহার বৈরী গো নর আর বান্দর ॥
ধামায় মাপিয়া তারা গো তুলে রত্নধন ।
এমন বৈভব কারো গো নাই ত্রিভুবন ॥
বিত্ত-বৈভব তার গো বর্ণনা না যায় ।
হীরামণ-মাণিক্য তারা গো জলইয়ে শুকায় ॥

(2)

একদিন রাবণ রাজা গো, পাত্র মিত্র লইয়া।
যুক্তি করে দশানন লঙ্কায় বসিয়া।।
স্বর্গ জিনিতে রাজা গো, করিল গমন।
সঙ্গে ত চলিল সৈন্য গো, যত রাক্ষসগণ।।

স্বর্গের দুয়ারে যাইয়া গো, দিল সবে হানা।
বড়ই দুরন্ত সেই গো, রাবণের সেনা।।
দেবরাজে বার্তা গিয়া গো, জানাইল চরে।
আইসাজে রাবণ রাজা গো স্বর্গ জিনিবারে।।
ইন্দ্রাদি দেবতা সবে গো, চিন্তিত হইল।
রাক্ষসের রোলে স্বর্গ কাঁপিয়া উঠিল।।
একে ত রাবণ রাজা গো, সাক্ষাৎ শমন।
যার সম বীর নাহি গো, এহি ত্রিভুবন।।
কাটিলে না কাটে মুণ্ডু আগুনে নাই সে পুড়ে।।
এমনি হইয়াছে দুষ্ট গো, বিরিঞ্চির বরে।।
স্বর্গ ছাড়িয়া পালাইল হায় গো, যত দেবগণ।
ইন্দ্র যমে লইল রাবণ গো, করিয়া বন্ধন।।
পারিজাত পুষ্পের বৃক্ষ আছিল গো, ইন্দ্রের নন্দন কাননে।
ডালে মুলে উপড়াইয়া গো, লইল রাবণে।।
ঐরাবত হস্তী লইল গো, আর উচ্চৈঃশ্রবা ঘোড়া।
কাইড়্যা লইল পুষ্পক রথ গো, রথ শূন্যে করে উড়া।।
মণি মাণিক্যি লইল কত গো, না যায় গণন।

ঝাইড়্যা মুইছ্যা লইল রাবণ গো, স্বর্গ ভাণ্ডারের ধন।।
দেবকন্যাগণে লইল রাবণ গো, রথেতে তুলিয়া।
হরষিতে চলে রাজা গো, জয়লক্ষ্মী পাইয়া।।
ইন্দ্রাদি দেবতাগণে গো বন্দী কইরা লয়।
স্বর্গপুরী শ্মশান হইল গো, চন্দ্রাবতী কয়।।

(৩)

পরে ত চলিল রাবণ গো, মর্ত্যের ভুবন।
মর্ত্যেতে আছিল যত গো, বড় বড় রাজাগণ।।
বিনা যুদ্ধে সকল রাজা গো, মানিল পরিহার।
পাতালপুরে চলে রাবণ গো কইরা মারমার।।
পাতালে আছিল যত গো, বাসুকী আদিনাগগণ।
বিনাযুদ্ধে সবে আইসা গো, লইল স্মরণ।।
পরে ত চলিল রাজা গো, গহন কাননে।
যথায় তপস্যা করে গো, যত ঋষি-মনিগণে।।
রাজ-কর চায় রাবণ গো, ঘুর্ণিত লোচন।
জটা চুল ধইরা রাক্ষসে গো, করে বিড়ম্বন।।
কোপীন সম্বল তার গো, ফল-মূল আহারী।

রাবণের পায় পড়িয়া গো, তারা যায় গড়াগড়ি।।
দয়ামায়া নাই গো দুষ্ট রাবণ রাজার মনে।
নানান মতে বিড়ম্বনা গো, করে মুনিগণে।।
উপায় না দেখিয়া মুনিগণ কি কাম করিল।
কুশাগ্রে চিরিয়া বক্ষ গো, রক্ত সবে দিল।।
মুনির রক্ত কর লইয়া গো, কৌটায় ভরিয়া।
লঙ্কায় চলিল রাবণ গো, মনে হরষিত হইয়া।।
প্রবেশ করিয়া পুরী গো, লঙ্কায় রাবণ।
মন্দোদরী রাণীর আগে গো, দিল দরশন।।
মুনির রক্ত ভরা কটরা গো, রাণীর হস্তে দিল।
চিন্তিত হইয়া রাণী গো রাবণে পুছিল।।
কিবা ধন আনিয়াছ পতি গো, কটরায় ভরিয়া।
রাণীরে কহিল রাজা গো, সান্ত্বনা করিয়া।।
সতত আমার বৈরী গো, স্বর্গের যত দেবগণ।
অমর হইয়াছে তারা গো, করিয়া অমৃত ভক্ষণ।।
ইন্দ্র যমে আনিয়াছি আমি গো, লঙ্কায় বান্ধিয়া।
সবারে মারিব আমি গো, এই বিষ খাওয়াইয়া।।
যত্ন করিয়া এই কটরা রাণী গো, তুলিয়া রাখো ঘরে।
এত বলি রাবণ রাজা গো চলিল বাহিরে।।

রাজ্য করে রাবণ রাজা গো, পাত্রমিত্র লইয়া।
ত্রিভুবনে ঐশ্বর্য গো, আনিয়াছে লুটিয়া॥
চন্দ্র হইতে জ্যোতি রাজা গো, করিয়া হরণ।
মটুকে রাখিল করিয়া গো, শীর্যের আভরণ॥
সূর্য হইতে কাড়িয়া নিয়া গো, সহস্র কিরণ।
কুড়ি চক্ষে ভরিয়া রাখিয়াছে, ক্রোধের কারণ॥
দেবতা তেত্রিশ কোটি গো, বন্দী লঙ্কাপুরে।
করজোড়ে দাঁড়াইয়া থাকে রাবণের ডরে॥
কেহ ঝাড়ুদারী করে গো, কেহ বাগানের মালী।
দেবতার উপরে হইল গো, রাক্ষসের ঠাকুরালী॥
কুবের হইল আসিয়া রাবণ রাজার ভাণ্ডারী।
একাদশ রুদ্র হইল গো রাবণের শিয়রের পউরী॥
দ্বাদশ আদিত্য আসিয়া গো, শিরে ছত্র ধরে।
দেবতা হইয়া পবন গো, ঢুলায় চামরে॥
বরুণ আসিয়া রাবণ রাজার গো, চরণ পাখালে।
লঙ্কাপুরে পাহারা দেয় গো, শমন কোটালে॥
অশ্বশালায় থাকিয়া ইন্দ্র গো কাটে ঘোড়ার ঘাস।
চন্দ্র সূর্য আলো দেয় গো, রাত্রি দিন তিথি মাস॥

গন্ধর্বপুরেতে যত গো, গন্ধর্ব কুমারী।
বলেতে ধরিয়া রাবণ গো, আনে নিজপুরী॥
সাতশত দেবকন্যা গো, রাজা বলেতে ধরিয়া।
পুষ্পক রথে তুলিয়া আনে গো, শূন্যে উড়া দিয়া॥
বলে ছলে পইড়্যা কেহ গো, রাবণে ভজিল।
সাগর জলে ঝাঁপাইয়া গো, কেহ কেহ মরিল॥
অশোক কাননে রাবণ গো, হরষিত মনে।
দেবকন্যা সঙ্গে কেলি গো, করে রাত্রি দিনে॥
হীরা মণি মুক্তা আদি গো যত আভরণে।
আপনি মদন রতি গো, সাজায় রাবণে॥

(৪)

ত্রিভুবনের সুখ-ঐশ্বর্য গো, লঙ্কায় জড়ো হইল।
তবুও লঙ্কায় কষ্ট নাই সে গেল॥
পৃথিবীর একদিকে যখন গো, সূর্যের আলো ভাসে।
অন্য দিকে সেই ক্ষণে গো, আন্ধার নামিয়া আসে॥
অশোক কাননে রাবণ গো, সুখে করে কেলি।
অন্দরমহলে রাণী গো, কাঁন্দে চোক্ষের জল ফেলি॥
রাজ্য করে রাবণ রাজা গো, পাত্রমিত্র লইয়া।
সীতার জন্ম কথা গো, এইক্ষণে শুন মন দিয়া॥
চেড়ী গিয়া বার্তা কয় গো, মন্দোদরী আগে।

এতকাল আছিলে গো রাণী, রাজার সোহাগে॥
দেবকন্যা নিয়ে গো রাণী, রাজা অশোক কাননে।
কেলি করে রাত্রি দিন গো, হরষিত মনে॥
ভুলেও তোমার কথা গো রাণী, না আসে রাজার মুখে।
অন্দরমহলে গো রাণী, তুমি রয়েছ কোন বা সুখে॥
এই কথা শুনিল গো, যবে মন্দোদরী রাণী।
অভিমানে দরদরিয়া গো, চোক্ষে বহে পানি॥
বহুবল্লভ মন্দোদরী গো, জানিয়া রাবণে।
কটরায় আছিল বিষ গো, পড়িয়া গেল মনে॥
যে বিষ খাইয়া গো মরে দেবতা অমর।
আমি কেনে নাহি খাই সেই কালজর॥

(৫)

এতেক ভাবিয়া রাণী গো, কোন কাম করিল।
কৌটায় আছিল বিষ গো, মুখে তুলিয়া দিল॥
দৈবের নির্বন্ধ কভু গো, না যায় খণ্ডানি।
বিষ খাইয়া গর্ভবতী গো, হইলেন রাণী॥
একমাস দুইমাস গো, তিন মাস গেল।
দশ মাস দশ দিন গো, পূর্ণিত হইল॥
বিষেতে অবশ অঙ্গ গো, বদন হইল কালা।

ভূমিতে শুইল রাণী গো, কাল গরলের জ্বালা।
দিন যায় রাত্রি আসে গো, শনির বারবেলা।
এমন কালে মন্দোদরী মা, একডিম্ব প্রসবিলা॥
চেড়ী গিয়া বার্তা তবে গো, জানায় রাবণে।
ডিম্ব প্রসবিলেন রাণী গো, এই অতি অল্পক্ষণে॥
এই কথা রাবণ রাজা গো, যখন শুনিল।
গণক আনিতে রাজা গো, চর পাঠাইল॥
পাঁজি পুঁথি নিয়ে গণক গো, আইল রাজারপুরে।
খড়ি পাতিয়া গণক তবে গো, লাগিল গণিবারে॥
গণিয়া পড়িয়া তবে গণক গো, রাবণ রাজারে কয়।
ভয়ে কহিব না নির্ভয়ে কহিব কও রাজা মহাশয়॥
নির্ভয়ে কও, বলিয়া গো রাজা হুকুম করিল।
নির্ভয়ে গণক গো তখন কহিতে লাগিল॥
অবধান কর আজি গো, রাক্ষসের নাথ।
সুবর্ণ লঙ্কার শিরে গো রাজা, আজি হইল বজ্রাঘাত।
এই ডিম্বে এক কন্যা গো রাজা, আজি লভিল জন্ম।
এই কন্যা হইবে গো রাজা, স্বর্ণলঙ্কা ধ্বংসের কারণ॥
আর এক কথা গো শুন রাক্ষসের পতি।
এই কন্যার লাগিয়া বংশে গো নিভিব ভিটার বাতি॥

দৈর্বের নির্বন্ধ কথা গো রাজা, কভু খণ্ডানো না যায়।
আপনি মরিবে গো রাজা, তুমি এই কন্যার দায়॥
এক সহস্রপুত্র গো তোমার রাজা, এক লক্ষ নাতী।
বংশে কেহ না থাকিবে রাজা গো, তোমার ভিটায় দিতে বাতি।।
রাক্ষস বংশের রক্ষা নাই গো রাজা, আমি গণিলাম সার।
সুবর্ণের লঙ্কাপুরী গো রাজা, এত দিনে হইবে ছারখার॥
এই কথা রাবণ রাজা গো, শুনিল যখন।
কুড়ি চ'ক্ষে আগুন ছুটে গো, রাজার জ্বলন্ত নয়ন॥
এই কথা রাক্ষসগণে গো, যখনে শুনিল।
রাজার সভায় আসি গো, সবে হাজির হইল॥
কেহ বলে 'কাটো ডিম্ব' গো, কেহ বলে 'ভাঙ্গো'।
'অনলে পুড়াইয়া'— কেহ বলে গো, 'কর ইহা সাঙ্গ'॥
এই কথা অন্তঃপুরে গো, শুনিল মন্দোদরী রাণী।
অন্তরে জ্বলিল মায়ের গো, যেমন জ্বলন্ত আগুনি॥
কাঁন্দিল মায়ের প্রাণ গো, এই কথা শুনিয়া,
দরদর চোখের জলে গো বক্ষ যায় যে ভাসিয়া॥
বনের পশুপক্ষী যারা গো, তারা সন্তান রাখে বুকে।
তারাও ঝুরিয়া মরে গো, নিজ পুত্র কন্যার শোকে॥

কাঁন্দিয়া রাবণের রাণী গো, জানাইল বার্তা।
নষ্ট না করিও ডিম্ব গো, রাখো আমার কথা॥
না ভাঙ্গ না পুড়িও ডিম্ব গো, আমার মাথা খাও।
যদি নাই সে রাখো ডিম্ব গো, তবে সাগরে ভাসাও॥
রাণীর কথায় গো রাজা কোন কাম করিল।
পঞ্চজন কারিগর রাজা গো, ডাকিয়া আনিল॥
বানাইল কৌটা কে গো সন্ধান করিয়া।
তাহাতে ভরিল ডিম্ব গো যতন করিয়া॥
সোনার কটরার মধ্যে গো, রূপার খিল দিয়া।
সাগরে ভাসাইল ডিম্ব গো, দেবী ভবানী স্মরিয়া॥
সাগরে পড়িয়া কৌটা গো, ঢেউয়ের মাথায় ভাসে।
স্বর্গে বসিয়া দেবতা বিধি গো, মনে মনে হাসে॥
বাও নাই বাতাস নাই গো, কটরা উজাইয়া যায়।
আশমানের চন্দ্র সূর্য গো, কটরার পানে চায়॥
সাগর ছাড়িয়া কটরা গো, গাঙ্গে প্রবেশিল।
গাঙ্গের জোয়ারে কটরা গো, উজিয়া চলিল॥
ঘনাইয়া আসিল সন্ধ্যা গো, রবি বসে পাটে।
হেনকালে আসিল কটরা গো, রাজা জনকের ঘাটে॥

মিথিলা নগরে আছিল গো দুঃখী, মাধব জালিয়া।
জাল বায় মাছ ধরে গো, ঘাটে দেয় খেয়া॥
নগরের মাঝো মাঝো মাধব গো, সবার দীনহীন।
হাটে চাউল ঘাটে পানি গো দুঃখে যায় দিন॥
পিন্ধনে কাপড় নাই গো, পেটে না আছিল ভাত।
রাত্রি দিন ভাবে মাধব গো, শিরে দিয়া হাত॥
এক সুখ কপালে তার গো, লিখিলা বিধাতা।
আছিল ঘরের নারী গো, সতী পতিব্রতা॥
সতা নামে নাম তার গো, জনম দুখিনী।
স্বামীর সুখ দুঃখের গো, সে ছিল সঙ্গিনী॥
জাল বাইয়া আসে মাধব গো, কাদা ভরা পায়।
ধুয়াইয়া মুছাইয়া সতা গো, তারে ঘরে নিয়ে যায়॥
দারুণ গরমে মাধব গো, যখন ছট্ ফট্ করে।
তালের পাখা নিয়ে সতা গো, অঙ্গে বাতাস করে॥
মাঘ মাসেতে দুঃখ গো, শীতের রজনী।
আপন আঞ্চলে সতা গো, পাতে পতির বিছানি॥
ক্ষুদ্রকণা যাই থাকে ঘরে গো, খাওয়ায় স্বামীরে।
স্বামীর পাতের প্রসাদ গো, সত্য খায় ভক্তি ভরে॥
পাতালতার ঘরখানি গো, ভাঙ্গা বেড়া তায়।

স্বামী বুকে নিয়ে সতা গো, সুখে নিদ্রা যায়॥
এমন যে দুঃখ তবু গো, বিধাতারে না দোষে।
স্বামী নিয়ে থাকে সতা গো, মনের হরিষে॥
উবাসে কাবাসে সতার গো, কাল কেটে যায়।
দারুণ বিধাতা তবু গো, মুখ তুলিয়া নাই চায়॥
ছেঁড়া পাটের শাড়ী সতা গো, কোমরেতে বেড়ি।
মাছের ঝাঁপি মাথায় নিয়ে গো, ফিরে বাড়ি বাড়ি॥
মলিন অঙ্গখানি গো সতার ঘামে ভিজিয়া যায়।
তবু হাসিমুখে কয় কথা গো, দুঃখ নাহি ভায়॥
সতী নারীর সাধু পতি গো, যদি থাকে ঘরে।
খাওনের পিন্ধনের দুঃখ গো, নাই সে অন্তরে॥
একদিন মাধব জেলে গো, কোমরে বান্ধ্যা ডোলা।
জাল বাইতে যায় গো মাধব দিনের সন্ধ্যা বেলা॥
বাইতে বাইতে জাল গো, নিশি ভোর হইল।
মাছ নাহি পায় মাধব গো, ভাবিতে লাগিল॥
ঘরে নাই রে ক্ষুদকণা গো, কি খাইব ঘরে গিয়া।
দিন আনিয়া দিন খায় গো, মাছ বিকাইয়া॥
দৈবের নির্বন্ধ কথা গো, শুন মন দিয়া।

আর একবার ফেলে জাল গো, মাধব মনসা স্মরিয়া।।
তাড়াতাড়ি করিয়া মাধব গো, টানে জালের দড়ি।
জালেতে বাঝিয়া উঠে গো, সোনার কটরি।।
চন্দ্রাবতী কহে, 'মাধব গো, ঘরে ফিরিয়া যাও।
পোয়াইল দুঃখের নিশি গো, এখন সুখে বসিয়া খাও।।
বৈকুণ্ঠের লক্ষ্মীরে রাবণ গো, দিয়েছে সাগরে ভাসাইয়া।
সাধু মাধবের জালে গো লক্ষ্মী আসিল উঠিয়া।
বাড়িতে আসিয়া মাধব গো, তিন ডাক দিল।
শীঘ্রগতি হইয়া সতা গো, ঘরের বাহির হইল।।
'আজি বুঝি গো ভালা মাছ পাইলেন পতি।
শীঘ্র করিয়া জ্বালে সতা গো, আন্ধার ঘরে বাতি।।
মাধব কয়, 'বিধি কিবান্ গো, আজি লিখিল কপালে।
কানা কড়ির মৎস্য আজি গো, না পড়িল জালে।।
রাত্রি প্রভাতে জাল ফেলি গো, মনসা স্মরিয়া।
এই দ্রব্য আসিল গো, আমার জালেতে বাঝিয়া।।
না চিনি না জানি গো ইহা কোন বস্তু হয়।
তোমাকে দেখাইবার লাগিয়া গো, এনেছি নিশ্চয়।।
সোনার কটরা এই গো, কিবান্ মধ্যে আছে।

মনসা দেবীর দয়ায় পেয়েছি গো খুলিয়া দেখবাম্ গাছে॥
কানে কানে কয় গো কথা শুনে বা না শুনে।
কিজানি পাড়ার লোক গো, গোপন কথা জানে॥
আস্তে আস্তে কটরা মাধব গো, দিল সতার হাতে।
সোনার কটরা সতা গো তুলিয়া নিল মাথে॥
কাঠালের পিড়িতে সতা আসন পাতিল।
যতন করিয়া কটরা গো তথায় রাখিল॥
জয়াদি জোকার দিয়া গো, মঙ্গল জানায়।
পঞ্চ সিন্দুরের ফোটা গো, দিল কটরায় গায়॥
ধান্য দুর্বা আলপনা গো, সতা দিল বিধিমতে।
আমের শাখা দিয়া রাখে গো, ভরা জলের ঘটে॥
পঞ্চগাছি সলিতা দিয়া গো, জ্বালে ঘিয়ের বাতি।
ধূপ ধুনা জ্বালাইয়া গো, করিল আরতি॥
সাষ্টাঙ্গে ভূমিতে পড়িয়া গো, করিল প্রণাম।
সতার ঘরেতে হইল গো, আজি লক্ষ্মীর অধিষ্ঠান॥
পোয়াইল দুঃখের নিশি গো, এল সুখের ভোর।
আজি হইতে হইল সতার গো, সকল দুঃখ দূর॥
গোয়ালের বন্ধ্যা গাভী গো, কামধেনু হইল।

সরু শস্য ধানে চালে গো, উভরা ভরিল॥
ক্ষেতে যদি গো বীজ ফেলে দুনা শস্য ফলে।
এখন থেকে মাধব আর গো, নাই সে যায় জালে॥
মাছের ডুলি মাথায় নিয়া গো সতা না যায় বাড়ি বাড়ি।
'রাম-লক্ষ্মণ শাঁখা' পরে গো মাধবের নারী॥
'গঙ্গা জলী শাড়ী' পরে গো, পিন্ধনে বাহার।
কোমর বেড়িয়া পরে গো, পাটের পসার॥
কাঞ্চনের সরা বাটায় গো, পান গুয়া খায়।
ফুলের মাচায় শুইয়া গো, সুখে নিদ্রা যায়॥
পাড়াপড়শী জনে সবে গো, করে কানাকানি।
'এই না আছিল সতা গো, জন্ম দুঃখিনী॥
কোথারতনে কিবান্ পাইল কোন দেবতা পূজি।
দুঃখ তাহার ঘুচিয়া গেল গো, লক্ষ্মী এল বুঝি॥
চন্দ্রাবতী কয়, 'পাড়াপড়শী গো, থাকো আশার আশে।
সাধু হিলে কপালে সুখ গো, একদিন ফিরিয়া আসে॥
একদিন না রাত্রিতে সতা গো, দেখিল স্বপনে।

সে বড়ো আশ্চর্য কথা গো, শুন সভাজনে॥
আড়াই প্রহর রাত্রিতে গো, সতা শুইয়া নিদ্রা যায়।
চান্দের জোছনা তার গো, ভরা আঙ্গিনায়॥
কটরা হইতে এক গো, কন্যা বাহির হইয়া।
মা মা বলিয়া ধরে গো, সতার গলা জড়াইয়া॥
আশ্চর্য রূপসী কন্যা গো, যেমন পুষ্প ডালা।
উজ্বলা করিল ঘর গো, কন্যা সাক্ষাৎ কমলা॥
ধরিয়া সতার গলা গো, কন্যা কয় ধীরে ধীরে।
আমারে নিয়ে যাও গো, জনক রাজার ঘরে॥
বাপ মোর জনক রাজা গো, রাণী মোর মাও।
কাল প্রভাতে কটরা নিয়ে গো রাণীর কাছে যাও॥
ভোর না হইতে সতা গো, সিনান করিয়া।
সুবর্ণ কটরা লইল গো, মস্তকে তুলিয়া॥
গত নিশির স্বপ্নের কথা গো, রাণীরে কহিল।
কটরা খুলিয়া ডিম্ব গো, রাণীর হাতে দিল॥
রাণী কয়, 'কিবা দিব গো, ইহার বদলে'।
গজমোতির হার এক পরায় সতার গলে॥
ধামায় মাপিয়া দিল গো, রত্নাদি কাঞ্চন।
সতা বলে, 'এ সকলে কোন প্রয়োজন॥
তোমার রাজ্যে বসতি গো, আমি জন্ম-কাঙ্গালিনী।

আছয়ে মিনতি এক গো, শুন রাজার রাণী।।
স্বপ্ন যদি সত্য হয় গো, কন্যা জন্মে ইহাতে।
আমার নামেতে কন্যার গো, নাম রাখো সীতে।।
এত বলি সতা তবে গো, বিদায় লইল।
সুবর্ণ কটরা রাণী গো, যত্নে রাখিল।।
শুভদিন শুভক্ষণ গো, পূর্ণিতি হইল।
ডিম্ব ফুটিয়া এক কন্যা ভূমিষ্ঠ হইল।।
সর্ব সুলক্ষণা কন্যা গো, লক্ষ্মী স্বরূপিনী।
মিথিলা নগর জুড়িয়া গো, উঠিল জয়ধ্বনি।।
জয়াদি জোকার দেয় গো, কুলবালাগণ।
দেবের মন্দিরে বাদ্য গো, বাজে ঘনে ঘন।।
স্বর্গে মর্তে জয় জয় গো, সুর-নরগণে।
হইল লক্ষ্মীর জন্ম গো মিথিলা ভবনে।।
সতার নামেতে কন্যার নাম রাখে গো, সীতা।
চন্দ্রাবতী কহে গো, কন্যা ভুবন বন্দিতা।।

(৭)

একচিত্তে পুণ্যকথা শুন সর্বজন।
যেরূপে জন্মিলা প্রভু রাম-নারায়ণ।।
এক অংশে নারায়ণ গো, চার রূপ ধরি।
জন্ম নিলেন গো এসে অযোধ্যা নগরী।।

রাজ্য করে দশরথ গো, অযোধ্যা নগরে।
প্রজাগণে পালে রাজা গো, পুত্র সমাদরে॥
অপুত্রক ছিল রাজা গো দুঃখ-যুক্ত হিয়া।
একে একে করিলেন গো রাজা তিনখানি বিয়া॥
কৌশল্যা কৈকেয়ী আর গো, সুমিত্রা ঠাকুরাণী।
রাজার ছিল এই গো, তিনজন রাণী॥
পুত্র নাই সে রাজা গো বড়ো চিন্তিত হইয়া।
পুরোহিত বশিষ্ঠ ঋষিরে আনিল ডাকিয়া॥
বশিষ্ঠ ঋষিরে নিয়ে গো রাজা করয়ে মন্ত্রণা।
পুত্র-প্রাপ্তি লাগিয়া রাজা গো, করে যজ্ঞ আরম্ভণা॥
নানান দেশ হইতে আনে গো, বড়ো মুনিগণে।
যজ্ঞ করে দশরথ গো, পুত্রের কারণে॥
যতেক যজ্ঞের ফল গো, রাজার নিষ্ফল হইল।
আটকুড়া নাম গো রাজার যজ্ঞে না ঘুচিল॥
একদিন দশরথ গো, বড়ো দুঃখ মন।
যোড় মন্দির ঘরে যাইয়া করিল শয়ন॥
কপাটেতে খিল দিয়া রাজা অনাহারে রয়।
মনের দুঃখে হইল গো রাজার জীবন সংশয়॥
একদিন দুইদিন করিয়া তিনদিল গেল।

মন্দিরের কপাট গো রাজা তবু না খুলিল॥
দৈবের নির্বন্ধ কথা গো, শুন দিয়া মন।
আচম্বিতে এল গো তথা মুনি একজন॥
অতি দীর্ঘ জটাভার গো, পড়ে ভূমিতলে।
লালাটে চন্দনতিলক গো, তারা যেমন জ্বলে॥
হস্তেতে তালের যষ্টি গো, কান্ধে বাগ-ছাল।
মুনিরে দেখিয়া ভয় পাইল গো, রাজার দ্বারপাল॥
দুয়ারে খাড়াইয়া মুনি গো, তিন ডাক মারিল।
মুনির ডাকে দশরথ গো, দুয়ার খুলিল॥
পাদ্য অর্ঘ্য দিয়া গো রাজা দিল বসিতে আসন।
তাতে না বসিল মুনি গো, বসিল কুশাসন॥
রাজারে জিজ্ঞাসে মুনি গো, 'তুমি কিসের কারণ।
এইমতে অনশনে ত্যজিছ জীবন॥
দুঃখের কথা কয় রাজা গো, মুনির চরণে।
সান্ত্বনা করেন মুনি গো, মধুর বচনে॥
অকালের অমৃত ফল গো, খুইলা ঝুলা হইতে।
আস্তে ব্যস্তে দেয় মুনি গো, দশরথের হাতে॥
'এই ফল নিয়া দেও রাজা গো, কৌশল্যা রাণীরে।
এই ফল খাইলে পুত্র পাবে গো, দেবতার বরে॥

ফল নিয়া দশরথ গো, আনন্দিত অন্তরে।
শীঘ্রগতি চলে রাজা গো, কৌশল্যার মন্দিরে॥
রাজারে দেখিয়া রাণী গো, উঠে চমকিতে।
অমৃত ফল দিল রাজা গো, কৌশল্যার হাতে॥
মুনির বৃত্তান্ত কথা গো, কইল সমুদয়।
এত কালে মনের আশা গো, বুঝি পূর্ণিত হয়॥
ফল পাইয়া কৌশল্যা রাণীর গো, আনন্দিত হিয়া।
সোনার কটরা মাঝে গো, রাখিল তুলিয়া॥
সরলা কৌশল্যা দেবী গো, কি কাম করিল।
এক গোটা অমৃত ফল গো তিনভাগ করিল॥
এক ভাগ নিজে খেয়ে গো, আর দুই ভাগ রাখিয়া।[৩৯৭]
কৈকেয়ী সুমিত্রার ঘরে দিল পাঠাইয়া॥
ফলের বৃত্তান্ত শুনিয়া গো, কৈকেয়ী সুমিত্রা রাণী।
আনন্দ অন্তরে খাইল গো, দেবের আশীর্বাদ মানি॥
কৈকেয়ীর ছিল এক গো, বাপের বাড়ির দাসী।
বয়সে হইয়াছে বুড়ী গো, বুদ্ধিতে পিচাশী॥
পিষ্ঠের উপর মস্ত কুঁজ গো, দুষ্টবুদ্ধি ভরা।
কৈকেয়ীরে বুঝাইয়া কয় গো, কুঁজী সে মন্থরা॥

'কৌশল্যা পাঠাইল ফল গো, কাটিয়া বাঁটিয়া।
বীজ নাই সে দিল কেন গো, দেখহ ভাবিয়া।।
অমৃত ফলের আঁটি গো, কৌশল্যা রাখিয়াছে যত্নে।
ফলের শাঁস খাইয়া পুত্র পাইলে গো, আঁটি খাইব গোপনে।।
রাজারে কইয়া কথা গো, তুমি আঁটির ভাগ লও।
আমার কথা শুন রাণী গো, যদি নিজের ভালা চাও।।
এই কথা শুনিয়া রাণী গো; কোন কাম করিল।
আস্তে ব্যস্তে রাজার কাগে গো, উপনীত হইল।।
শুন শুন পতি রাজা গো, মোর এক নিবেদন।
ফলের শাঁস পাইলাম বীজ না পাই কিসের কারণ।।
বীজ যদি পাই গো আমি রোপণ করিয়া।
বৃক্ষ হইলে ফল হইবে গো, পাবি ঘরেতে বসিয়া।।
বীজ না পাইলে আমি গো, শাঁস না খাইব।
অন্নজল ত্যাজিয়া আমি গো, প্রাণ ত্যেজিব।।
সুবুদ্ধি রাজার ভাগ্যে গো, কুবুদ্ধি ঘটিল।
কৌশল্যার ঘর হইতে গো বীজ আনিয়া দিল।।
সেই বীজ কৈকেয়ী রাণী গো, মন্থরার কথায়।
গোপনে বাঁটিয়া খেল গো, কতদিন যায়।।
গর্ভবতী হইল ক্রমে রাণী তিনজন।
বিধাতার লিখন আর গো, দৈবের ঘটন।।
অযোধ্যা নগরে উঠে গো, জয়াদি জোকার।

শুনিয়া নাগরিয়া লোকে গো, লাগে চমৎকার॥
ঢাক ঢোল বাজে রঙ্গে গো, নাচে প্রজাগণ।
ভাণ্ডার খুলিয়া সবে গো, করে ধন বিতরণ॥
ব্রাহ্মণের দিলা রাজা গো, ধন রত্ন দান।
দুগ্ধবতী গাভী দিল গো, সঙ্গে তার রাখাল॥
এক দুই তিন করিয়া গো, পঞ্চ মাস গেল।
গর্ভের লক্ষণ গো ক্রমে প্রকাশ পাইল॥
জ্যেঠী খুড়ী সবে মিলে গো সাধ খাওয়াইল।
জয় জয় রবে অযোধ্যাপুরী গো ভরিয়া উঠিল॥
অলস হইল তনু গো, মুখে হাই উঠে।
সোনার পালঙ্ক ছাইড়্যা গো,ভূমি পরে লুটে॥
পোড়ামাটি খায় আর গো ঘুমে ঢুলে দুই নয়ন।
চন্দ্রাবতী কয়, এই গো গর্ভের লক্ষণ॥

(৮)

এইমতে দশমাস গো, পূর্ণিত হইল।
সর্ব সুলক্ষণ শিশু গো ভূমিষ্ঠ হইল॥
কৌশল্যা রাণীর ঘরে গো, জন্মিলেন নারায়ণ।
স্বর্গ থাকিয়া পুষ্প বৃষ্টি গো, করে দেবগণ॥
জয়াদি জোকার পড়ে গো, কৌশল্যার মন্দিরে।

দুত গিয়া বার্তা কইল গো, দশরথ রাজারে॥
হিরামণ মানিক্যি দিয়া গো, রাজা পুত্রমুখ দেখে।
ধনরত্ন বিলাইল রাজা গো, আপন মনের সুখে॥
সুগন্ধি চন্দন জল গো, যত ছিটায় রাজপথে।
শিশুরে দেখিতে দেবগণ গো এলো শূন্য রথে॥
নেতের পতাকা উড়ে গো, প্রতি ঘরে ঘরে।
বলিদান বাদ্যভাণ্ড গো দেবের মন্দিরে॥
পূর্ণকুম্ভে আম্রশাখা গো, তীর্থ-জলে ভরি।
হুলাহুলি কুলাকুলি গো, করে পুরনারী॥
যতেক নাটুয়াগণ গো, করে নাচ গান।
আনন্দেতে তুলপাড় গো, হইল পুরীখান॥
মঙ্গলচণ্ডীরে পূজে গো, দেবী সুবচনী।
বনদুর্গা দেবীরে পূজে গো, ডরাই ডাকিনী॥
শীতলা ষষ্ঠীরে পূজা গো, করে বিধিমতে।
মনসা দেবীরে পূজে গো, নেতার সহিতে॥
যাটাহারা দিনে দেখি গো, পুত্রের নামকরণ হইল।
গণিয়া বাছিয়া নাম গো পূরবাসী থুইল॥
কৌশল্যা রাখিল নাম গো, কাজলের ধন।
দশরথ নাম রাখে গো, অযোধ্যাভূষণ॥

রাজবাসী নাম রাখে গো, রাম রঘুবর।
পুরনারী নাম রাখে গো, শ্যামল সুন্দর॥
ধ্যানেতে জানিয়া বশিষ্ঠ গো ঋষি তপোধন।
রামচন্দ্র নাম রাখে গো, জাইল্যা নারায়ণ॥
জন্মকোষ্ঠী হেতু গো, রাজা গণক ডাকিল।
পাঁজী পুঁথি হস্তে লৈয়া গো, গণক আসিল॥
খড়ি পাতি সাত পাঁচ গো, ঘর যে আঁকিয়া।
গণক কোষ্ঠির ফল গো, কহিল গনিয়া॥
'জোড়া ভুরু দীপ্ত আঁখি গো, সূর্য সম জ্বলে।
রাজটীকা আছে গো, রাজা ঐ শিশুর কপালে॥
আগুনে না পুড়িব গো শিশু জলে না হইব তল।
ধনুর্দ্ধর হইব গো, শিশু রণে মহাবল॥
ইন্দ্রতুল্য পরাক্রম গো, রাজ্য অধিকারী।
মরিব ইহার হস্তে গো ত্রিজগতের বৈরী॥
সপ্তম ঘরেতে গণক গো, শূন্য গুণে গইণা পাইল।
গোপন ঘরের কথা গো, গমক গোপন রাখিল॥
গোপন ঘরের কথা গো, রহিল গোপনে।
জন্ম কোষ্ঠী কয় রাম গো, যাইবেন বনে॥
আর এক কথা গো গণক গোপন করিল।

দশম ঘরেতে কথা গো, গণক অর্ধেক বলিল॥
ফলিব যে ব্রহ্ম-শাপ গো, রাজার পুত্রের কারণে।
এই পুত্রের লাগিয়া রাজা গো ত্যজিব জীবনে॥
তারপর কিবা হইল, শুন দিয়া মন।
কৈকেয়ীর গর্ভে হইল গো, ভরতের জন্ম॥
সুমিত্রা রাণীর গর্ভে গো, জমজ জন্মিল।
লক্ষ্মণ আর শত্রুঘ্ন নাম গো, রাজা সে রাখিল॥
বৈকুণ্ঠের নাথ নারায়ণ গো, চারি অংশ হইয়া।
দশরথের ঘরে আসি গো, ভুবন উজ্জ্বল করিয়া॥
বিধির লিখনে লেখা গো, খণ্ডন না যায়।
অমৃত ফলের আঁটি খাইয়া গো, কৈকেয়ী গর্ভবতী হয়॥
ভূমিষ্ঠ হইল কন্যা গো, যখন কৈকেয়ীর ঘরে।
ভয় পেয়ে গোয়ালের গাভী গো, ঘন ডাক ছাড়ে॥
আশ্‌মানের সূর্য ঠাকুর গো, মুখ লুকাইল।
দিনের দুই পহর বেলায় গো, আন্ধারে ঘেরিল॥
দিনে দিনে বাড়ে কন্যা গো, যেমন বৃক্ষফলা।
বাছিয়া গুছিয়া কুকুয়া নাম গো, মন্থরা রাখিলা॥
লক্ষ্মীর অধিষ্ঠানে আসিয়া গো অলক্ষ্মী জন্মিল।
অমৃত ফলের তিতা বীজের গো, ফল যে ফলিল॥
এইরূপে চারি ভাই এক বোন গো রাম রঘুপতি।
অযোধ্যা ভুবনে জন্মিলেন গো ভনে চন্দ্রাবতী॥

প্রথম খণ্ড—জন্মলীলা সমাপ্ত

দ্বিতীয় খণ্ড

(১)

সাত পাঁচসখী বসিয়া গো, জোড় মন্দির ঘরে।
এক সখী কহে কথা গো, জিজ্ঞাসে সীতারে॥
শুনিয়াছি তোমার কথা গো, নানান জনার মুখে।
শিশুকালে ছিলে তুমি গো, বাপের ঘরে সুখে॥
বিয়া যে হইল তোমার গো, কত কাণ্ড করিয়া।
সেই সকল কথা কইবা গো, আজি বিস্তার করিয়া॥
তুমি যে পতির সঙ্গে গেলা বনবাসে।
কিবা সুখ কিবান দুঃখ গো, পেলে কোন কোন মাসে॥
এই কথা শুনিয়া সীতা গো, কহিতে লাগিল।
সুখ দুঃখের যত গো মনেতে ছিল॥
'আমার ভাগ্যের কথা গো, কি কইব কাহিনি।
বিধাতা সৃজিল মোরে গো, জন্ম দুঃখিনী॥
না জানি কে পিতামাতা গো, কোথায় জন্ম হইল।
জেলেনীর কাছে ডিম্ব পেয়ে গো, রাণী পালন করিল॥
জন্ম দুঃখিনী সীতা গো, দুঃখে কাটে কাল।

রামের মত পতি পেয়ে গো, মোর দুঃখেরই কপাল।।
শিশুকালের কথা মোর গো, শুন সখীগণ।
চার বোন ছিলাম গো মোরা মিথিলা ভুবন।।
আনন্দে কাটিত কাল গো, শৈশবের বেলা।
মায়ের কোলেতে থাকি গো, করি খেলাধূলা।।
বাপের ছিল পণ গো, আচরিত কথা।
যে ভাঙ্গিবে শিবের ধনুক গো, তারে দিব সীতা।।
কত রাজা আইল গেল গো, সীমা-সংখ্যা নাই।
ধনুক ভাঙ্গিতে পারে এমন সাধ্য কারো নাই।।
একদিন রাত্রিতে আমি গো দেখিলাম স্বপ্নে।
শিয়রে বসিয়া প্রভু গো, কমল লোচনে।।
শ্যামল সুন্দর রূপ গো, কিশোর কুমার।
হাসিয়া কহিছে কথা গো, যেমন সুধাসার।।
উঠ উঠ জানকী গো, আর কত নিদ্রা যাও।
আমি রামচন্দ্র ডাকি, আঁখি মেলে চাও।।
বহুদূর হইতে এলাম গো, এই মিথিলা ভবন।
ভাঙ্গিব শিবের ধনু গো, রাজার যে পণ।।
রজনী প্রভাত হইল গো, ভাঙ্গিল স্বপ্ন।
নয়নে লাগিয়া রইল গো, শ্যামল বরণ।।

প্রভাতে শুনিলাম কথা গো, দশরথ রাজার কুমার।
ধনুক ভাঙ্গিল আজি গো, সম্মুখে সভার॥
দুর্বাদল শ্যাম তনু গো, সঙ্গেতে লক্ষ্মণ।
আজি বুঝি সত্য হইল গো, নিশার স্বপ্ন॥
সঙ্গেতে আসিলা তার গো বিশ্বামিত্র মুনি।
যজ্ঞস্থলে দেখিলাম গো রাম রঘুমণি॥
মিথিলার লোকে দেখে গো, বলে অতঃপর।
এতদিনে মিলেছে গো সীতার যোগ্য বর॥
চন্দ্র সূর্য দুই ভাই গো, নরবেশ ধরি।
পণে উদ্ধারিতে বাপে গো, আসিল মিথিলা পুরী॥
অজানুলম্বিত বাহু গো, মুনির ইঙ্গিতে।
ভাঙ্গিল শিবের ধনু গো, যেন আচম্বিতে॥
জয় জয় শব্দ হইল গো, মিথিলা ভবনে।
নৃত্যগীত করে মোর গো, সহচরীগণে॥
মন্দ বর ধন্ধ লাগে গো, কেউ বলে কালী।
কেউ বলে মেঘের গায়ে গো, শোভিছে বিজলী॥
হাস্য পরিহাসে দেখ গো, রজনী পোহায়।
আমারে লইয়া প্রভু গো, অযোধ্যাতে যায়॥
আর ত দিনের কথা গো, শুন দিয়া মন।
শুইয়া প্রভুর কোলে গো, দেখিলাম স্বপন॥

সিংহাসনে বসিলেন প্রভু কমললোচন।
তার পাছে দাঁড়াইল গো, ভাই তিনজন॥
চামর ঢুলায় কেউ গো, শিরে ছত্র ধরে।
যথাবিধি তিন ভাই গো, রাজসেবা করে॥
এর মধ্যে আর একদিন গো, দেখিলাম স্বপ্নে।
রামচন্দ্র রাজা হইবেন গো, অযোধ্যা ভুবনে॥
স্বপ্ন সফল হইল গো, কালি অধিবাস।
মন্থরা কুমন্ত্র দিয়া গো, ঘটাইল সর্বনাশ॥
রামচন্দ্র রাজা হবে গো, পরিয়া তিলক ছটা।
বিমাতা কৈকেয়ী তারে গো, পরায় বাকল জটা॥
শরতের চাঁদ যেন গো, মেঘেতে ডুবিল।
সোনার অযোধ্যাপুরী গো, আঁন্ধারে ঘেরিল॥

(২)

সীতার বারোমাসি

বৈশাখ মাসেতে দিন রে অরণ্যে প্রবেশ।
শিরে জটা প্রভুর আমার গো, সন্ন্যাসীর বেশ॥
জ্যৈষ্ঠ মাসেতে দিন গো রবির বড়ো জ্বালা।
হাঁটিয়া চলিতে প্রভুর গো, বদন হইল কালা॥
পাষাণে ঠেকিলে পদ গো, রক্ত পড়ে ধারে।
দুঃখিত হইয়া প্রভু গো, মোর অঙ্গে বাতাস করে॥

পদ্মপত্রে জল আনে গো, ঠাকুর লক্ষ্মণ।
কতকক্ষণ ছিলাম আমি গো, প্রভুর কোলে অচেতন॥
ঘুরিতে ঘুরিতে আইলাম গো, পঞ্চবটী বনে।
গোদাবরী নদীর কূলে গো, আমরা তিনজনে॥
এইখানে রঘুনাথে কহিল লক্ষ্মণ।
'কুটির বান্ধিয়া বাস করার গো, যোগ্য এই স্থান॥
শুনিয়া প্রভু রাম চন্দ্র অনুমতি দিল।
লতা পাতা দিয়া গো কুটির লক্ষ্মণ বান্ধিল॥
কুটিরের মধ্যে মোরা থাকি দুইজন।
বাইরে পাহারা থাকে গো, ঠাকুর লক্ষ্মণ॥
ধনুক হাতে দিবানিশি রহে তো জাগিয়া।
সদাই সজাগ থাকে গো, বৃক্ষতলে দাঁড়াইয়া॥
দেবরের গুণ আমি গো, না পারি কহিতে।
অরণ্য ভাঙ্গিয়া ফল গো, তুইল্যা দেয় হাতে॥
রসাল বনের ফল গো, পাতার কুটির পাইয়া।
অযোধ্যার রাজ্যপাট গো, গেলাম যে ভুলিয়া॥
লক্ষ্মণ কানন হইতে আনে মিঠা ফল।
পদ্মপত্রে আমি আনি গো, তমসার জল॥

চরণ ধুয়ায়্যা প্রভুর গো, আমি তৃণ-শয্যা পাতি।
মনের আনন্দে কাটাইতাম গো, বনবাসে রাতি॥
কি করিব রাজ্যসুখ গো, রাজ সিংহাসনে।
শত রাজ্য পাটের সুখ গো, আমার প্রভুর চরণে॥
ভোরেতে উঠিয়া মালা গো, আমি গাঁথি বনফুলে।
আনন্দে পরাই মালা গো, প্রভু রামের গলে॥
সুন্দর দীঘল প্রভুর গো, বাহু উপাধান॥
প্রত্যেক রজনী আমার গো, এমতি শয়ান।
কত মৃগ ময়ূর আর বনের পশু পক্ষী।
সীতার সঙ্গের সঙ্গী তারা গো, সীতার দুঃখে দুঃখী॥
শুক-সারী ছিল দুই গো, পঞ্চবটী বনে।
বনে হইল প্রতিবেশী আসিয়া দুই জনে॥
কভু বা শুনায় গান গো তারা দুইজনে।
ঝগড়া বিবাদ করে কভু মোদের সনে॥
কাননে বেড়াই গো আমি প্রভুর গলা ধরি।
সঙ্গে সঙ্গে উড়িয়া চলে গো, শুক আর সারী॥
কায়ার সঙ্গেতে যেমন ছায়ার ঘুরণ।
পর্বত কাননে ঘুইরা বেড়াই দুইজন॥

আর ত দিনের কথা গো, শুন সখিগণ।
কাপালে ছিল আমার গো, এতেক বিড়ম্বন॥

পোহাইল সুখের নিশি গো, আমি অভাগিনী।
বঞ্চিয়া প্রভুর সাথে গো, সুখের রজনী॥
গগনেতে হইল বেলা গো, দণ্ড তিন চারি।
সেদিনের দুঃখের কথা গো, কহিতে না পারি॥
কুটিরের বাইরে বসিয়া গো, আমরা দুইজন।
বৃক্ষতলে বসিয়া আছেন গো, ঠাকুর লক্ষ্মণ॥
বসিতে বসিতে মোর গো, ঘুমে ঢুলে আঁখি।
অলস নয়নে আমি গো, প্রভুর চাঁদ মুখ দেখি॥
উরু উপাধান গো প্রভু পাতিল তখন।
আঞ্চল পাতিয়া সখী গো, আমি করিলাম শয়ন॥
এমন সময়ে এক গো সোনার হরিণী।
কুক্ষণে নজরে পড়ে গো, আমি অভাগিনী॥
মেঘের অঙ্গেতে যেমন গো, বিজলীর ঝলা।
চলিছে সোনার হরিণ গো, বন করিয়া উজলা॥
এমন যে হইবে ভাগ্যে গো, নাহি জানি আমি।
প্রভুরে কহিলাম আমি গো যুড়ি দুই পাণি॥

এত যে হইবে গো নাহি জানি অভাগিনী॥
এমন সুন্দর হরিণ প্রভু, আমি কভু দেখি নাই।
সোনার হরিণ ধরিয়া দেহ মোরে গোঁসাই॥
শুকনা লতায় বান্ধিয়া গো, রাখিব কুটিরে।
যাবৎ না মানে পোয গো, খাওয়াইব ইহারে॥
অযোধ্যাতে যাইব গো, আমরা এই মৃগ লইয়া।
বনের চিহ্ন রাখো গো প্রভু ইহারে ধরিয়া॥
হাতে ধনু উঠিলেন গো, প্রভু কমললোচন।
নাগপাশ অস্ত্র লইল গো করিয়া যতন॥
যাইবার কালে প্রভু গো, কইল লক্ষ্মণে।
'হরিণ ধরিতে আমি গো, চলিলাম বনে॥
সীতারে রাখিবা তুমি গো, অতি সাবধানে।
সোনার হরিণ কথা গো কভু না শুনেছি কানে॥
রাক্ষস রাজার দেশ গো, রাক্ষসের বাসা।
না জানি কি ফেরে ফালায় গো, রাক্ষসের আশা॥
এত বলিয়া প্রভু মোর গো, করিল গমন।
কতক্ষণ পরে শুনি গো, প্রভুর ক্রন্দন॥
'কোথায় রইল লক্ষ্মণ ভাই গো, শীঘ্র করিয়া এসো।

রাক্ষসের হস্তে মোর গো, প্রাণ হয় নাশ॥
শুইয়া ছিলাম আমি গো, বসিলাম উঠিয়া।
আরবার কহে প্রভুগো, লক্ষ্মণের ডাকিয়া॥
'শীঘ্র এসো লক্ষ্মণ ভাই গো, প্রাণ মোর যায়।
এতকাল পরে মরি গো, রাক্ষসের দায়॥
এত শুনি কহিলাম, 'দেবর গো, তুমি আমার মাথা খাও।
প্রভুরে রক্ষিতে তুমি শীঘ্র করিয়া যাও॥
হাতে ধনুক-বাণ নিয়ে গো, চলিল লক্ষণ।
চিন্তায় আকুল প্রাণ গো, পবনগমন॥
একাকিনী বনমধ্যে গো আমি, অভাগিনী।
ভুজঙ্গ রহিল যেমন গো হারাইয়া মণি॥
এত দুঃখ ছিল সীতার গো যদি জানিতাম।
মৃগ ধরিবারে আমি গো প্রভুর সঙ্গে যাইতাম॥

(৪)

হেনকালে কি হইল দৈবের ঘটন।
একেলা কুটিরে গো আমি নাহি লোক-জন॥
শিবশঙ্কর নাম নিয়ে গো আসে আচম্বিতে।
দাঁড়াইল যোগী এক গো কুটির দ্বারেতে॥
দণ্ড কমণ্ডুল-ধারী গো অঙ্গে মাখা ছাই।
দুয়ারে দাঁড়াইয়া বলে গো 'ভিক্ষা কিছু চাই॥

কি ভিক্ষা দিব আমি গো, শুনহ গোঁসাই।
শুন্য গৃহে একাকিনী মোর প্রভু গৃহে নাই॥
আজি যদি থাকিতাম গো আমি অযোধ্যা ভবনে।
ধামায় মাপিয়া দিতাম গো তোমারে রত্নাদি কাঞ্চনে॥
যোগী বলে, 'ধনে মোর গো নাহি প্রয়োজন।
ঘরে আছে বনের ফল গো, মোরে তাই কর দান॥
ক্ষুধায় অবশ অঙ্গ গো, এলাম তোমার দ্বারে।
অতিথিরে না দিলে ভিক্ষা যাই তবে ফিরে॥
এই কথা শুনিয়া আমি গো ভাগ্যের বিড়ম্বন।
কুটিরের মধ্যে গেলাম গো ফলের কারণ॥
একটি বনের ফল গো আঞ্চলে বান্ধিয়া।
কুটিরের বাহির হইলাম গো ভাবিয়া চিন্তিয়া॥
আমি কি গো জানি সখী গো কালসর্প বেশে।
এমন করিয়া ছলিবে গো সীতারে রাক্ষসে॥
প্রণাম করিনু যোগীরে গো, আমি পড়িয়া ভূতলে।
উড়িয়া গরুড় পক্ষী গো, যেমন সর্প গেলে॥
রথেতে তুলিল মোর গো দুষ্ট লঙ্কাপতি।
দেবগণে ডাকে কই গো আমার দুঃখের ভারতী॥

অঙ্গের আভরণ খুলিয়া গো মারিলাম রাক্ষসে।
পর্বতে মারিলে ঢিল গো কিবা যায় আসে॥
কতক্ষণ পরে গো আমি হইলাম অচেতন।
এখনও স্মরিলে কথা গো আমি হারাই চেতন॥
জাগিয়া দেখিনু আমি গো, আছি লঙ্কাপুরী।
আমাকে বেড়িয়া বসে আছে গো রাক্ষসের চেড়ী॥
অশোক কাননে বাস গো আমি অভাগিনী।
সেইদিনে সাজিলাম আমি গো যৌবনে যোগিনী॥
বস্ত্র অলঙ্কার ত্যজিলাম গো নিদ্রা আর আহার।
রাক্ষসের গৃহে থাকি গো করি অনাহার॥
কাঁদিয়া দিবস যায় গো ম্ল্যান হইল কেশ।
দিবানিশি মনে জাগে গো প্রভুর সন্ন্যাসীর বেশ॥
পাগলিনী হইলাম আমি গো না ছিল কিছু জ্ঞান।
প্রভুরে দেখিতে আশা গো রহিল প্রাণ॥
মরণের বাসনা নাই গো চরণ পাইবার আশে।
সীতার চোক্ষের জলে গো লঙ্কার অশোক বন ভাসে॥

(৫)

আষাঢ় মাসেতে দিন গো ঘন বরিষণ।
তর্জিয়া গর্জিয়া আসে যত দেওয়াগণ॥

মেঘে তত না ছিল পানি গো, সীতার চক্ষে জল।
কাঁদিয়া ভিজাই গো আমি অশোক বৃক্ষের তল॥
বিষ খাই জলে ডুবি গো আমি বুঝিতে না পারি।
সান্ত্বনা করিয়া রাখে গো এক সরমা সুন্দরী॥
শ্রাবণ মাসেতে আমি গো দেখিলাম স্বপন।
হইল প্রভুর সঙ্গে গো সুগ্রীবের মিলন॥
বানর কটক সব গো আমার লাগিয়া।
চলিয়াছে দিকে দিকে সীতা অন্বেষিয়া॥
দক্ষিণে এলো কটক গো, সাগরের তীরে।
কেমনে লঙ্ঘিবে সাগর গো ভাবনা অন্তরে॥
ভাদ্ররে স্বপ্ন দেখি গো দিবসে জাগিয়া।
অশোকের ডালে পক্ষী গো বসিল উড়িয়া॥
পক্ষী নয় পক্ষী নয় গো, প্রভু রামের চর।
বীর হনুমান বসিয়া আছে গো ডালের উপর॥
কত ভাবে কত মতে হনু সীতারে বুঝায়।
প্রাণ ত বুঝে না সীতার গো হইল বড়ো দায়॥
প্রভুর অঙ্গুরী বীর গো শেযে দেখাইল মোরে।
অঙ্গুরী দেখিয়া অভাগীর অশ্রু পড়ে ধারে॥
চিনিলাম চিনিলাম আমি গো, প্রভুর অঙ্গুরী।
শুনিলাম সকল কথা গো আদি অন্ত করি॥

আমারে হারিয়ে প্রভু গো ছেড়েছে গৃহ বাস।
বনে বনে ঘুরে ফিরে গো করিয়া হা-হুতাশ॥
শুনিয়া সেই প্রভুর দুঃখ গো ফেটে যায় প্রাণ।
রাক্ষসের ঘরে বন্দী গো আমি অবলা কামিনী॥
আশ্বিন মাসেতে সীতা গো, দেখিল স্বপ্ন।
সাগরের তীরে প্রভু গো করে অকাল বোধন॥
রাবণে বধিতে প্রভু গো পূজেন অম্বিকায়।
সীতার দুঃখের দিন গো এইবার বুঝি যায়।
পাইয়াছেন রামচন্দ্র গো সীতার বার্তা।
তারপর শুন গো সীতা উদ্ধারের কথা॥
কার্তিক মাসেতে দিন গো ছোটো হইল বেলা।
কাঁদিয়া কাটাই দিন গো বসিয়া একেলা॥
নয়নের জলে মোর গো নদী বহিয়া যায়।
সুখের বার্তা আসে গো সরমা জানায়॥
কাঁদিতে কাঁদিতে সীতার গো অস্থি চর্ম সার।
এত দুঃখ ছিল বিধি গো কপালে আমার॥
অগ্রহায়ণ মাসেতে শুনি গো বৃক্ষ আর পাথরে।
দুরন্ত সাগর আসি গো বান্ধিল বানরে॥

সাগরের দেবতা বরুণ গো সীতার দুঃখ শুনিয়া।
পথ করে দিল বক্ষে গো পাথর ভাসাইয়া॥
শুনিতে আশ্চর্য কথা গো জলে পাথর ভাসে।
এইরূপে আমার দিন গো কাটে আশার আশে॥

পৌষ মাসেতে দিন গো কুয়ায় অন্ধকার।
বানর কটকে ঘিরে লঙ্কা পুরীর চারিধার॥
রণডঙ্কা বেজে উঠে গো রাবণ রাজার পুরে।
ভয়ে ডরে মন গো আমার সদাই কেমন করে॥
রণে হেরে স্বর্গের ইন্দ্র গো যায় কাটে ঘোড়ার ঘাস।
হেন রাবণের সঙ্গে রণ গো, মনে লাগে তড়াস॥
মাঘ মাসেতে আমি গো দেখিলাম স্বপ্ন।
রণে মরে ইন্দ্রজিত গো রাবণ-নন্দন॥
কুম্ভকর্ণ মরেছে আর গো যত বড়ো বড়ো বীর।
নরবানরের রণে গো রাক্ষস না রহে স্থির॥
স্বপ্ন সফল হইল গো লঙ্কা হইল ছারখার।
লঙ্কাপুরীর ঘরে ঘরে গো উঠিল হাহাকার॥

ফাল্গুন মাসেতে আমি গো দেখিলাম স্বপ্নে।
স্ববংশে মরিল রাবণ গো শ্রীরামের বাণে॥

এক লক্ষ পুত্র যার গো দশলক্ষ নাতী।
বংশে কেউ না বাঁচিল ভিটায় দিতে বাতী।।
স্বপ্ন সফল হইল গো, দুঃখের দিন যায়।
বানর কটকে শুনি গো রামগুণ গায়।।
চৈত্র মাসেতে সীতার দুঃখ হইল দূর।
পোহাইল দুঃখের নিশি গো, এলো সুখ ভোর।।
অন্ধেতে পেল যেমন গো নয়নের মণি।
তেমতি দুঃখিনী সীতা গো, পেল রঘুমণি।।
সীতার বারোমাসী কথা গো, দুঃখীর ভারতী।
বারোমাসের দুঃখের কথা গো, ভণে চন্দ্রাবতী।।

তৃতীয় খণ্ড

(১)

সুখ বসন্তের কথা গো, শুন সভাজন।
রতন মন্দিরে বসিয়া গো কৌশল্যা নন্দন॥
উপরে চাঁদোয়া টাঙায় গো নীচে শীতলপাটি।
রাম সীতা বসিলেন গো হাতে পাশার কাটি॥
আবের পাখায় বাতাস করে গো যত সখীগণ।
কৌতুকে করেন রাম গো নানা আলাপন॥
গুয়াপান খেয়ে সখীগণ হাসে খলখলি।
চাঁদেরে ঘেরিয়া যেমন গো তারার মণ্ডলী॥
সুবর্ণের গুটিতে গো ঘর সাজাইয়া।
রামচন্দ্র খেলেন পাশা গো সীতারে লইয়া॥
লক্ষ্মীর সহিত পাশা গো যেমন খেলেন নারায়ণে।
ইন্দ্র যেমন খেলেন পাশা শচীরাণীর সনে॥
মদনের সহিতে পাশা গো, খেলে যেমন রতি।
হরের সহিতে কিংবা খেলায় পার্বতী॥
সেইমত দুইজনে গো কৌতুকে খেলায়।
কেবা হারে কেবা জিতে গো নাহি কিছু দায়॥

হাসিয়া কয়ে কথা গো তবে যত সখীগণ।
'এই কথা শুন গো রাম কমললোচন॥
হার জিত হবে যেই গো আগে কর পণ।
হার হইলে কেবা কারে দিবে কোন ধন॥
পণে না খেলিলে খেলা গো, জমাটি না হয়।
যেইজন জিতে তার গো, মন না উঠায়॥
শ্রীরাম বলেন, 'পাশায় গো, আমি যদি হারি।
হস্ত হইতে খুলে দিব গো রতন-অঙ্গুরী॥
জানকী হারিলে বল দিবে কোন বা পণ।'
সখীসবে বলে, 'দিবে গো, প্রেম-আলিঙ্গন॥'
লাজে অধোমুখী গো সীতা পড়িলেন ঢলি।
পত্রের ভারেতে যথা গো চম্পকের কলি॥
পড়িল পাশার দান গো খেলিতে খেলিতে।
হারিলেন রামচন্দ্র গো সীতাদেবী জিতে॥
হাসিতে হাসিতে তবে গো যত সহচরী।
সীতারে বেড়িল সবে গো রামে দিয়া টিটকারি॥
জোর করি শ্রীরামের হস্তের অঙ্গুরী খসাইয়া।
সীতার অঙ্গুলে সখী গো দিল পরাইয়া॥
পুরুষ হইয়া হারে গো রমণীর সনে।
পরিহাস করে সবে গো মিষ্ট আলাপনে॥
আরবার খেলা তবে গো আরম্ভণ হইল।

ছয় তিন কাঁচা গুটি গো পাকা যে হইল॥
এইবার সীতাদেবী গো পণেতে হারিয়া।
শ্রীরাম কহেন কথা গো হাসিয়া হাসিয়া॥
'প্রতিজ্ঞা পালনের কথা গো আছে কিনা মনে।
হারিলা খেলায় এখন গো দেহ সেই পণে॥
আড়িকুলা করিয়া তবে গো যতেক সঙ্গিনী।
শ্রীরামের কুলে দিল গো জনক নন্দিনী॥
চুম্বন করিয়া সীতায় গো কহেন রঘুবর।
'যাহা ইচ্ছা মনোমত গো বাছিয়া লও বর॥
চন্দ্রা কহে পোয়াইল গো সুখের রজনী।
সাবধানে মাগিবে বর গো জনকনন্দিনী॥
কল্পতরু রামচন্দ্র গো যাহা চাই পাই।
বিধাতার লিখনের উপর গো কথা আর ত নাই॥
ধীরে ধীরে কহে সীতা গো রামের গোচরে।'
'মনের বাসনা প্রভু গো জানাই তোমারে॥
বহুদিন হইতে আমার গো ইচ্ছা জাগে মনে।
আরবার বেড়াইব গো পুণ্য তপোবনে॥
তমসা নদীর কথা গো সদাই মনে পড়ে।
কমল কাননে হংসী গো সেথায় খেলা করে॥
তমালের ডালে নাচে গো ময়ূরা ময়ূরী।

বনের হরিণ ছিল গো মোর সহচরী।।
প্রতি নিশি স্বপ্নে দেখি গো মুনি কন্যাগণে।
কন্যাগণ সঙ্গে যাই গো তমসায় স্নানে।।
চুম্বন করিয়া রাম গো কহেন সীতারে।
'আজি নিশি কর বাস গো রত্ন মন্দিরে।।
কালি প্রাতে আশা তোমার হইবে পূরণ।
লক্ষ্মণ সহিতে তোমায় গো পাঠাইব বন।।
চন্দ্রাবতী কয় দৈব গো না যায় খণ্ডানি।
কি বর মাগিলা হায় গো তুমি জনকনন্দিনী।।

(২)

শয়ন মন্দিরে একা গো সীতা ঠাকুরাণী।
সোনার পালঙ্কের উপর গো ফুলের বিছানি।।
চারিদিকে শোভে তার গো সুগন্ধি কমল।
সুবর্ণ ভৃঙ্গার ভরা গো সরযূর জল।।
নানা জাতি মিষ্ট ফল গো সুগন্ধে রসিয়া।
যাহা চায় তাহা দেয় গো সখিগণ আনিয়া।।
ঘন ঘন হাই উঠে গো নয়ন চঞ্চল।
অল্প অবশ অঙ্গে গো মুখে উঠে জল।।

উপকথা সীতারে গো শুনায় আলাপিনী।
হেনকালে আস্‌ল তথায় গো কুকুয়া ননদিনী॥
কুকুয়া কহিল 'বধূ গো, মোর বাক্য ধর।
কিরূপে বঞ্চিলা তুমি গো রাবণের ঘর॥
দেখি নাই রাক্ষসেরে গো শুনে কাঁপে হিয়া।
দশমুণ্ড রাবণ নাকি দেখাও গো আঁকিয়া॥
মুর্চ্ছিতা হইল সীতা গো রাবণ নাম শুনি।
কেহ বা বাতাস করে কেহ মুখে দেয় পানি॥
সখিগণ কুকুয়ারে গো কত করিল বারণ।
'অনুচিত কথা তুমি গো জিজ্ঞাসো' কি কারণ॥
রাজার আদেশ নাই গো জিজ্ঞাসিতে কুকথা।
তবে কেন ঠাকুরাণীর গো মনে দিলে ব্যথা॥
প্রবোধ না মানিল সেই গো কুকুয়া ননদিনী।
বার বার সীতারে গো বলয়ে সেই বাণী॥
সীতা বলে, আমি তার গো না দেখিয়াছি নয়ানে।
কিমতে আঁকিব আমি গো পাপিষ্ঠ রাবণে॥
যত করি বুঝায় সীতা গো কুকুয়া না ছাড়ে।

হাসিমুখে সীতারে গো সুধায় বারে বারে॥
বিষলতার বিষফল গো বিষগাছের গোটা।
অন্তরে বিষের হাসি গো বাধাইল লেঠা॥
সীতা বলে, 'দেখেছি গো ছায়ার আকারে।
হরিয়া যখন দুষ্ট গো নিয়ে যায় মোরে॥
সাগরের জলেতে পড়ে গো রাক্ষসের ছায়া।
দশমুণ্ড কুড়ি হস্ত গো রাক্ষসের কায়া॥
বসে ছিল কুকুয়া গো শুইল পালঙ্কতে।
আবার সীতারে কয় গো রাবণ আঁকিতে॥
এড়াইতে না পারে সীতা গো, পাখার উপরে।
আঁকিলেন দশমুণ্ড গো রাজা লঙ্কেশ্বরে॥
শ্রমেতে কাতর সীতা গো নিদ্রায় ঢলিল।
কুকুয়া তালের পাখা গো বক্ষে তুলি দিল॥

কালসাপিনী কুকুয়া গো কালকূটে ভরা।
সীতার সুখ দেখতে নারে গো এমনি কপালপোড়া॥
কুরূপা কুৎসিতা সে যে গো ক্রুর ও মুখরা।
পেলে শিখিয়ে তারে গো বড়ো করেছে মন্থরা॥
কৈকেয়ীর কন্যা সে যে গো ছোট ভরতের।
রাজার ঘরে বিয়ে হইয়া গো এমনি কপালের ফের॥

শ্বশুর শাশুড়ী দেখে গো তারে দুই চক্ষের বালি।
পাড়ার লোকে কয় তারে গো নিন্দুক কুন্দুলী।
বাতাসে করিয়া ভর গো সে বাঝায় কোন্দল।
ঔষধ খাইয়ে স্বামীরে গো করেছে পাগল॥
দেবর ভাসুরে খেদায় গো দিয়া বেড়াবেড়ি।
পরের কলঙ্ক গাইয়া গো ফিরে বাড়ি বাড়ি॥
পরের কলঙ্ক কথায় গো কুকুয়া দশমুখ।
স্বামীস্ত্রীতে কোন্দল বাঝায় গো দেখিতে কৌতুক॥
সধবা হইয়া গো কার্যদোষে রাঁড়ী।
দশ বছর ধইরা কেবল গো আছে বাপের বাড়ি॥
রাম সীতার সুখ তার গো প্রাণে না সহে।
অন্তরে বিষের ছুরি গো হেঁসে কথা কহে॥
মুনি দিল অমৃত ফল গো পুত্রের লাগিয়া।
কৈকেয়ী খাইল বীজ গো লোভেতে পড়িয়া।
ফল মিষ্ট খেয়ে পেলো গো ভরত পুত্রধন।
বীজতিতা খেয়ে পেল গো কন্যা সে বিষম॥

(৩)

বসে ছিলেন রামচন্দ্র গো রত্ন সিংহাসনে।
উপনীত হইল কুকুয়া গো শ্রীরামের স্থানে।

কালনাগিনী যেমন্তন করিয়া গো ছাড়য়ে নিশ্বাস।
দাঁড়াইল দুষ্টা এসে গো শ্রীরামের পাশ॥
নয়নে আগুনি গো ঘন শ্বাস বহে।
তর্জিয়া গর্জিয়া তবে গো শ্রীরামেরে কহে॥
শুন শুন দাদা, ওগো আমি কই যে তোমারে।
বলিতে এই পাপের কথা গো মুখে বাক্য নাহি সরে॥
সীতা ধ্যান সীতা জ্ঞান গো তোমার সীতা চিন্তামণি।
প্রাণের অধিক দেখি গো তোমার জনকনন্দিনী॥
বিশ্বাস না কর কথা গো তুমি না শুনিলে কানে।
অসতী নিলাজ সীতা গো ভজিল রাবণে॥
কি বলিব সীতার কথা গো বলিতে লাগে ভয়।
পড়িলে তোমার কোপে গো জীবনে সংশয়॥
রূপসী দেখিয়া দাদা গো আপনি মজিলা।
রঘুবংশে কালি দিতে গো সীতারে আনিলা॥
এক নয় দুই গো পুরা দশ মাস।
ছিল তোমার সীতা গো রাবণের পাশ॥
বলিলে রাবণের কথা গো সীতার চক্ষে বহে ধারা।
মুখ ফিরাইয়া কাঁদে দাদা গো তোমার নয়নতারা॥
সংসার না বুঝিলে দাদা গো, তুমি ত সরল।

অমৃত ভাবিয়া দাদা গো, তুমি পিইলে গরল॥
ভাবিয়া পুষ্পের মালা গো, যারে পরিলে গলায়।
সময় পাইয়া নাগিনী গো দংশিল তোমায়॥
চণ্ডালে ছুঁলে পুষ্প গো না লাগে পূজায়।
কুকুরের উচ্ছিষ্ট অন্ন গো বল কোন লোকে খায়॥
বিশ্বাস না কর যদি গো দাদা, দেখহ আসিয়া।
তোমার সীতা নিদ্রা যায় গো রাবণ বক্ষে নিয়া॥
হরিণী মারিতে যেমন গো বাঘিনী ধায় রড়ে।
শীঘ্র গতি পশে দুয়ে গো সীতার মন্দিরে॥
পঞ্চমাসের গর্ভ সীতার গো অলসে ঘুমায়।
অঙ্গুলি হেলাইয়া পাখা গো কুকুয়া দেখায়॥
শিরেতে হানিল বাজ গো বাক্য নাহি সরে।
চলিয়া গেলেন রাম গো আপন মন্দিরে॥
বিষবাণ বিন্ধিল গো শ্রীরামের প্রাণে।
সর্বনাশের কথা সীতা গো কিছুই না জানে॥
বনেতে আগুনি জ্বলে গো সায়রে ছোটে বান।
উন্মত্ত পাগল প্রায় গো হইলেন রাম॥
রক্তজবা আঁখি রামের গো, শিরে রক্ত উঠে।
নাসিকায় অগ্নিশ্বাস গো ব্রহ্মরন্ধ্র ফুটে॥
যে আগুন জ্বালাইল আজি গো কুকুয়া ননদিনী।

অমৃত ভাবিয়া দাদা গো, তুমি পিইলে গরল॥
ভাবিয়া পুষ্পের মালা গো, যারে পরিলে গলায়।
সময় পাইয়া নাগিনী গো দংশিল তোমায়॥
চণ্ডালে ছুঁলে পুষ্প গো না লাগে পূজায়,
কুকুরের উচ্ছিষ্ট অন্ন গো বল কোন লোকে খায়॥
বিশ্বাস না কর যদি গো দাদা, দেখহ আসিয়া।
তোমার সীতা নিদ্রা যায় গো রাবণ বক্ষে নিয়া॥
হরিণী মারিতে যেমন গো বাঘিনী ধায় রড়ে।
শীঘ্র গতি পশে দুয়ে গো সীতার মন্দিরে॥
পঞ্চমাসের গর্ভ সীতার গো অলসে ঘুমায়
অঙ্গুলি হেলাইয়া পাখা গো কুকুয়া দেখায়॥
শিরেতে হানিল বাজ গো বাক্য নাহি সরে।
চলিয়া গেলেন রাম গো আপন মন্দিরে॥
বিষবাণ বিন্ধিল গো শ্রীরামের প্রাণে।
সর্বনাশের কথা সীতা গো কিছুই না জানে॥
বনেতে আগুনি জ্বলে গো সায়রে ছোটে বান।
উন্মত্ত পাগল প্রায় গো হইলেন রাম॥
রক্তজবা আঁখি রামের গো, শিরে রক্ত উঠে।
নাসিকায় অগ্নিশ্বাস গো ব্রহ্মরন্ধ্র ফুটে॥
যে আগুন জ্বালাইল আজি গো কুকুয়া ননদিনী।

সে আগুনে পুড়িবে সীতা গো সহিতে রঘুমনি॥
পুড়িবে অযোধ্যা পুরী গো কিছুদিন পরে।
লক্ষ্মীছাড়া হইবে রাজ্য গো যাবে ছারখারে॥
পরের কথা কানে নিলে গো নিজের সর্বনাশ।
চন্দ্রাবতী কহে, 'রাম গো, তোমার বুদ্ধি হইল নাশ॥

(৪)

সরযু, বইয়া চল ধীরে,
রাজার নন্দিনী সীতা রামের ঘরনী।
বনবাসে দিব গো তারে আজি রামরঘুমণি॥
না উঠ না উঠ গো তপন, তুমি মেঘে লুকাও মুখ।
জন্ম দুখিনী সীতার তুমি না দেখিও দুঃখ॥
আকাশের পবন দেব গো, তুমি না বহিও আর।
কেমনে সহিবে পবন গো, এমন নিদুখীর দুঃখভার॥
ওরে—আকাশ কাঁদে বাতাস কাঁদে গো, আজি কাঁদে নদীর পানি।
আশ্‌মানের তারা কাঁদিয়া আজি পোয়াইল রজনী॥
কোন বা দেশে সীতা গো, হায় সীতা থাকবে কার বা ঘরে।
সরযূ, বইয়া যাও গো ধীরে॥

প্রভাত হইল কাল নিশি গো, বৈতালিকে গান ধরে।
সেইনা প্রভাতের বাঁশি গো, আজি বাজে করুণ সুরে॥
সারানিশি কাটিয়া গেছে গো, রামের অঘুম রজনী।
প্রভাত কালে ভাই লক্ষ্মণেরে, ডাকে গো রাম-রঘুমণি॥
দাদার সামনে হাজির হইল গো, লক্ষ্মণ ছোটভাই।
দাদার মূরতি দেখিয়া লক্ষ্মণের মুখে কতা নাই॥
একদণ্ড নীরব থাকিয়া গো, রাম কাঁদিয়া উঠিল।
প্রাণের ভাই লক্ষ্মণ এসে গো চরণে পড়িল॥
'কও কও কও গো দাদা, কি দুঃখ তোমার।
প্রাণ দিয়া ঘুচাইব গো তোমার দুঃখভার॥
রাবণে হরিয়া নিলে গো সীতা ঠাকুরাণী।
সেই সে দেখেছি আমি তোমার চক্ষে পানি॥
আর না দেখেছি কভু দাদা, তোমার চক্ষে জল।
আজি কেন কাঁদ দাদা গো কিসের অমঙ্গল॥
তিন ভাই আছি তোমার গো ইন্দ্রের সমান।
কিস্কিন্ধ্যার সুগ্রীব আছে আর বীর হনুমান॥
লঙ্কায় বিভীষণ আছে গো বনে গুহক মিতা।
স্বর্গ মর্ত পাতাল নোয়ায় গো তোমার চরণে মাথা॥
তোমার দুঃখ ঘুচাইতে গো যদি আজ্ঞা হয়।
দেবের দুঃসাধ্য কর্ম গো মোরা সাধিব নিশ্চয়॥
কও কও কও গো দাদা, কি দুঃখ তোমার।
তোমার দাস লক্ষ্মণ গো আমি সাধিব কার্যভার॥
এই না কথা শুনিয়া রামচন্দ্র কি কাম করিল।
চক্ষের জল মুছিয়া লক্ষণেরে বলিতে লাগিল॥

‘শুন শুন প্রাণের ভাই গো, আমি কহি যে তোমারে।
আমার সুখের দিন চলে গেছে গো, আর না আসবে ফিরে॥
কোকিলা ভোমরার গান গো আর মনে না জাগাইবে সুখ।
আর না দেখিব আমি গো প্রভাতে ফুলের হাসিমুখ॥
বসন্তের নিশি হইবে গো, জৈষ্ঠের দুপুর।
শরতের সরযূ গাইবে গো, বিষ-বাঁশির সুর॥
আকাশের পূর্ণচন্দ্র গো, মলিন দেখাইবে।
রাজভোগ ঐশ্বর্য আমার গো, কালকূট হইবে॥
কি করিতে কি হইল গো, মোরে বিধি বিড়ম্বিল।
তারা মন্দোদরীর অভিশাপ গো, আজজি সে ফলিল॥
আজি সুখের সংসারে মোর গো, লেগেছে আগুনি।
সেই আগুনে পুড়ে গেছে গো, জনকনন্দিনী॥
আমি পুড়িয়া অঙ্গার হইবে গো, পুড়িবে অযোধ্যা নগরী।
সতীর অভিশাপের আগুন গো, আজি সইতে ত না পারি॥
রামচন্দ্রের কাঁদনে ব্যাকুল হইল লক্ষ্মণ ভাই।
কি করিতে কি হইল গো ভাবিয়া না পাই॥
আরবার জিজ্ঞাস করে গো ঠাকুর লক্ষ্মণ।
‘কিসের লাগিয়া এত শোক কি ইহার কারণ॥’
তবে ত কহিল রাম গো, ‘শুন ভাই লক্ষণ।
সীতারে বনবাসে দিব গো, এই আমার পণ॥
কালি যে কহিল সীতা গো যাইব বন দর্শনে।
আজি তারে রাখিয়া এসো গো বাল্মীকির আশ্রমে॥
আর না দেখিব আমি গো, ঐনা সীতার মুখ।
এক সীতার কারণে হইল গো, তিন পুরের দুখ॥

সোনার লঙ্কা ছারেখারে গেল গো, কিষ্কিন্ধ্যায় বালী।
অযোধ্যায় লেগেছে আগুন গো, পুড়িয়া হইবে ছালি॥
কোন বিধাতা গড়েছে গো সীতা কোন বা বিষ দিয়া।
এইনা বিষে জ্বলে গেলাম গো জ্বলে মোর হিয়া॥
এই সে বিষ সহিতে পারিবে ঐ মুনির তপোবন।
বনবাসে দেও সীতায় গো, শুন ভাই লক্ষ্মণ॥
আগে না কহিও কিছু গো, বনবাসের কথা।
মিঠামুখে নিয়ে যাবে গো, তোমার দেবী সীতা॥
এইনা কথা শুনিয়া কাঁদে গো ঠাকুর লক্ষ্মণ।
শক্তিশেলের অধিক বাজে গো রামের আদেশ বিষম॥
চোদ্দ বছর বনবাস গো, রাবণের শক্তিশেল বুকে।
সেহ ত সহিল লক্ষ্মণ গো সদাই হাসি মুখে॥
সাগর সিঞ্চিয়া মানিক গো, তুলে এনে ঘরে।
অতল আন্ধিয়া কূপে গো, আজি বিসর্জিব তারে॥
সতীর অভিশাপ আজি গো নারায়ণে লাগিল।
ঠাকুর লক্ষ্মণ কথা গো ভাবিতে লাগিল॥

(৫)

নিশি না হইও ভোর।
রামের ঘরনী সীতার না ভাঙ্গ ঘুম ঘোর॥
আকাশ ঘুমায় বাতাস ঘুমায়, ঘুমায় পশু পাখি॥
অযোধ্যানগরী ঘুমায় গো, আজি কোন স্বপ্ন দেখি॥
পঞ্চমাসের গর্ভ সীতার গো, সীতা কি স্বপ্ন দেখিল।
ঘুমের ঘোরে নিশির ভোরে, সীতা কাঁদিয়া জাগিল।
পুব আকাশে রাঙ্গা অরুণ গো রবি উকি মারে।

হেনকালে ঠাকুর লক্ষ্মণ গো, এলো দুয়ারে।।
লক্ষ্মণেরে দেখিয়া সীতার গো, স্বপ্নের ডর গেল।
হাসিমুখে সীতাদেবী গো লক্ষ্মণেরে বলিল।।
'প্রভাতে উঠিয়া আজি গো, দেখিলাম চাঁদমুখ।
বিধাতা লিখেছে আমার গো, আজি কোন বা সুখ।।
কিবা আদেশ রঘুনাথের গো, এই দাসীর লাগিয়া।
সোনার দেবর লক্ষ্মণ গো, মোরে বল বিস্তারিয়া।।
সীতাদেবীর মুখের হাসি গো, লক্ষ্মণের নোয়ায় মাথা।
আজি বজ্রসম বাজে কর্ণে গো, সীতাদেবীর কথা।।
চক্ষের জল বক্ষের ব্যথা গো, গোপন করিয়া।
সীতারে বলিল লক্ষণ গো, মাথা নোয়াইয়া।।
'শুন শুন পাটেশ্বরী গো, আমি জানাই যে তোমারে।
রাজা রঘুনাথের আদেশ গো তপোবন দেখাইবারে।।
পুষ্পকরথ আনিয়াছি আমি গো, দুয়ারে আছে খাড়া।
একেলা যাবে দেবী গো, দাস দাসী ছাড়া।।
আমি ত রাজার দাস গো, রাজার আদেশ পালন করি
রাজা রামচন্দ্রের আদেশ গো, জানাই পাটেশ্বরী।।
স্বামী রামচন্দ্রের আদেশ গো, লক্ষ্মণের মুখে।
না ভাবিল না চিন্তিল সীতা গো, রথে উঠে মনোসুখে।।
যাত্রাকালে দেখে সীতা গো, নানা কুলক্ষ্মণ।
রথের আগে শৃগাল ধায় গো বাম ও দক্ষিণ।।
মরা বৃক্ষের ডালে বসিয়া গো কাগায় করে রা।
পথের মাঝে কুকুর চলে গো, তার ভাঙ্গা একখান পা।।
তিন বিধবা বুড়ী চলে গো, আউলা মাথার কেশ।

শূন্য কলসী পথে রাখিয়া গো, নারী গেছে কোন বা দেশ॥
অকস্মাৎ আশমানে সূর্য গো, কুয়ায় ঢাকিল।
ঈশান কোণায় কুয়ার মধ্যে গো, বিজলী চমকিল॥
দূর থেকে ভেসে আসে গো, হাপুতাঁর কাঁদন।
দেখিয়া শুনিয়া সীতাদেবীর গো, ভাবিত হইল মন॥
জিজ্ঞাসিলে লক্ষ্মণ ঠাকুর গো, না বলে কোনো কথা।
চক্ষে জল ধারা বয় গো, থাকে হেট করি মাথা॥
রথ এসে থেমে গেল গো, বাল্মীকির তপোবনে।
সীতাদেবীর নামাইল গো, ঠাকুর লক্ষ্মণে॥
রথ থেকে নেমে সীতা গো, বৃক্ষতলে দাঁড়াইল।
ঠাকুর লক্ষ্মণ তবে গো, বলিতে লাগিল॥
শুন শুন পাটেশ্বরী, আমি বলি যে তোমারে।
রাজা রামচন্দ্রের আদেশ গো, অভাগা আমার উপরে॥
তপোবন দর্শনের ছলে গো, আজি দেবীরে আনিয়া।
বনবাসে দিয়ে যাই গো, আমি অভাগীয়া॥
রাবণের শক্তিশেল গো, বক্ষে বিঁধেছিল।
প্রভু রামচন্দ্রের আদেশ গো, আজি হৃৎপিণ্ড ভেদিল॥
ক্ষমা করো ক্ষমা করো মাও গো, দেবী যে আমার।
অভাগা লক্ষ্মণেরে ক্ষমা গো, কর এইবার॥
অযোধ্যার রাজলক্ষ্মী গো, আজি বিসর্জন দিয়া।
লক্ষ্মীছাড়া অযোধ্যায় লক্ষ্মণ গো যাইব ফিরিয়া॥
এইনা কথা শুনিয়া সীতা গো, কি কাম করিল।
সোনার প্রতিমা যেমন গো, দাঁড়াইয়া রইল॥

চক্ষে নাই গো জল সীতার মুখে নাই গো বাণী।
বৃক্ষের তলায় দাঁড়াইয়া রইল যেমন সোনার পুতুলখানি।।
তারপরে দুঃখিনী সীতা গো, ধীরে ধীরে বলে।
'দুঃখ নাই সে কর তুমি গো, শুন দেবর মহাশয়।।'
আমার লাগিয়া সোনার লঙ্কা গো হইল ছারখার।
আমি ত শুনেছি লক্ষ লক্ষ নারীর হাহাকার।
পতি-হারা পুত্র-হারা গো, লক্ষ লক্ষ নারী।
অভিশাপ দিয়েছে মোরে গো, বড়ো দুঃখে পড়ি।।
সেই অভিশাপ লক্ষ্মণ গো, আমার সংসার সুখ খেল।
কারও কোনো দোষ নাই গো, আমার ভাগ্যে সে ফলিল।।
না জানি কে পিতা-মাতা গো, কে গর্ভসোদর ভাই।
স্রোতের শেওলা আমি গো, ঘাটে ঘাটে ভেসে বেড়াই।।
ভাসিতে ভাসিতে এলাম গো, আজি এইনা তপোবনে।
কোথায় যাবি পরে আমি গো, কেউ তা না জানে।।
ক্ষমা না চাইব আমি গো, দুঃখ না করিব।
বিধাতার বিধান আমি গো, মাথা পেতে নেব।।
রামের মতন পতি পেয়ে গো, আর লক্ষ্মণ দেবর।
কপালের দোষে আমার গো, না হইল সংসার।।
শুন শুন সোনার দেবর গো, আমি বলি যে তোমারে।
আমার লাগিয়া দুঃখ কেউ গো, আর না পাক অন্তরে।।
পতিরে জানাইও আমার গো শতকোটি প্রণাম।
ঊর্মিলার দুঃখ তুমি গো করো সমাধান।।
আর এক কথা বলিও গো পুত্র বীর হনুমানে।
সুখের বসতি আমার গো, তার হৃদয় মনে।।
ঘরে যাও সোনার দেবর গো, তুমি না কাঁদিও আর।

শ্রীরামের চরণে দিও গো, আমার কোটি নমস্কার।।
এইনা কথা বলিয়া সীতা গো, নীরব হইল।
কাঁদিতে কাঁদিতে লক্ষণ গো রথে ত উঠিল।।
চালাইল রথখানি গো, যাবৎ দেখা যায়।
শূন্য মনে এক দৃষ্টে গো সীতা রথের পানে চায়।।

(৬)

সীতারে বনবাসে দিয়ে গো, লক্ষ্মণ ফিরে গেল।
বৃক্ষের তলায় একেলা সীতা গো, দাঁড়াইয়া রইল।।
হেনকালে বাল্মীকি মুনি গো, শিষ্যগণ লইয়া।
উপনীত হইল গো সীতার সম্মুখে আসিয়া।।
মুনিরে দেখিয়া সীতা গো, প্রণাম করিল।
আশীর্বাদ করিয়া মুনি গো, বলিতে লাগিল।।
'দুঃখ নাই সে কর মাও গো, আমি বাল্মীক মুনি।
আমি হইব পিতা তোমার গো, ঘরে বসুমাতা জননী।।
আমার পুত্র শিষ্য মাও গো, তোমার ছোট ভাই।
আমার আশ্রমে মাও গো, তোমার কোনো ভয় নাই।।
রাম না জন্মিতে আমি গো, রচিয়াছি রামায়ণ।
আমি সে জানি মাও গো, তোমার সর্ব বিবরণ।।
চল চল মাও গো আমার, চল ঘরে যাই।
তোমার লাগিয়া বসিয়া আছে তোমার বসুমাতা মাই।।
এই কথা শুনিয়া সীতা গো কি কাম করিল।
মুনির আশ্রমে গিয়া গো মাও বসুমাতারে পাইল।।
মুনির আশ্রম সেই গো, অতি চমৎকার।
হিংসা নাই নিন্দা নাই গো, মধুর ব্যবহার।।
হরিণের গাও চাটে গো, ব্যাঘ্র মহাশয়।

হস্তীর সঙ্গে পশুরাজ গো, খেলিয়া বেড়ায়॥
এক বৃক্ষে বাসা বান্ধে গো, শ্যেন আর কপোতে।
শৃগাল পণ্ডিত বসে গো কুকুরের সাথে॥
যেই বৃক্ষে যেই ফল গো, বারোমাস ফলে।
সকাল সন্ধ্যা বনের লতা গো, ভরে উঠে ফুলে॥
প্রভাতের অরুণ করে গো, তপোবন রাঙা।
বনে বনে গায় পাখি গো, প্রভাতী ঘুম ভাঙ্গা॥
কত শত ব্রহ্মচারী গো, সাম-গান করে।
সুগন্ধ যজ্ঞের ধূমা গো, আকাশ বাতাস ভরে॥
বড়ো বড়ো মুনি ঋষি গো, আশ্রমে অতিথি হয়।
সীতাদেবীর সেবা পেয়ে গো, আশীর্বাদ করে যায়॥
'রাজমাতা হইবে মাও গো, মনে না বাসিও দুখ।
আশীর্বাদ শুনিয়া সীতার গো, মনে বড়ো সুখ॥
সারাদিন বাল্মীক মুনি গো, ব্যস্ত নানান্ কাজে।
সন্ধ্যা রাত্রে বসে মুনি গো, সীতারে নিয়ে কাছে॥
বেদ পুরাণ কত কথা গো, সীতারে শোনায়।
এইনা ভাবে আশ্রমে সীতার গো দিন কেটে যায়॥
ছয় সাত আট করিয়া গো গর্ভ দশ মাস হইল।
শুভ দিন-ক্ষণে সীতা গো যমজ পুত্র প্রসবিল॥
মুনিবর রাখিল পুত্রের গো লব কুশ নাম।
পুরোহিত বশিষ্ঠ এসে গো, করিল জাত কাম॥
সূর্যবংশের পুরোহিত গো, বশিষ্ঠ বড়ো মুনি।
জাতকর্ম করিতে এল গো ধ্যানযোগে জানি॥
পুত্র জন্মের কথা বশিষ্ঠ গো, রামচন্দ্ররে না জানাইল

ভবিষ্যৎ লীলার লাগিয়া গো, কথা গোপন রাখিল॥
চন্দ্র যেমন শুক্লপক্ষে গো, বাড়ে দিনে দিনে।
লব কুশ দুই ভাই গো, বাড়ে মুনির তপোবনে॥
এক দুই তিন করে গো, শিশু পঞ্চ বছর হইল।
বশিষ্ঠের এনে মুনি গো, লব কুশের হাতে খড়ি দিল॥
সর্ব বিদ্যায় পণ্ডিত সেই গো বাল্মীকি মহামুনি।
ধনুক বাণ হস্তে দিল গো দোঁহে রাজপুত্র জানি॥
ব্যাকরণ আদি বিদ্যা গো দুই পুত্ররে পড়ায়।
ধনুক বাণ হস্তে দিয়া গো যুদ্ধ বিদ্যা যে শিখায়॥
দুই পুত্র সীতাদেবীর গো, মায়ের কোল জুড়া।
মহাকবি মুনির কাছে গো, করে লেখাপড়া॥
সিংহ ব্যাঘ্র হস্তীর সঙ্গে গো, দিনে খেলা করে।
রাতের বেলা মায়ের কোলে গো, সুখে ঘুমপাড়ে॥

(৭)

সীতারে বনবাসে দিয়া গো, ঠাকুর লক্ষ্মণ।
কাঁদিতে কাঁদিতে এলো গো, অযোধ্যা ভুবন॥
যেইনা দিন সীতা দেবী গো বনবাসে গেল।
অযোধ্যা ভুবনে হায় গো অমঙ্গল লাগিল॥
ক্ষেতে নাই সে হয় ফসল গো, নদীতে না হয় পানি।
রোগ-ব্যাধির জ্বালায় প্রজার গো, আকুল প্রাণি॥
বৃক্ষে না হয় ফল-ফলান্তি গো লতায় নাই সে ফুল।
সোজা নদী বাঁকা হইয়া গো, ভাঙ্গে যে দুই কুল॥
সময়ে না হয় বৃষ্টি গো, অকালে বর্ষণ।
ধর্ম ছাড়িয়া প্রজাকুলের গো পাপে হইল মন॥
দেখিয়া শুনিয়া রামচন্দ্র গো চিন্তিত হইল।
সীতারে বনবাসে দিয়া গো রাম কাঁফরে পড়িল॥

রাত্রে নাই সে চক্ষে নিদ্রা গো দিনে নাই আহার।
অযোধ্যায় নাই নগর শোভা গো রাজ্যসভায় নাই বাহার।.
বড় বড় পণ্ডিত ঋষি গো রাজসভায় নাই ত আসে।
অভাব অভিযোগ নিয়ে গো কেবল দুষ্ট লোক বসে।।
দিনে দিনে হইল রাজ্য গো যেমন লক্ষ্মীছাড়া।
রাজার দোষে প্রজার দুঃখ গো বলে বুড়ী-বুড়া।.
ভেবে চিন্তে শ্রীরামচন্দ্র গো কি কাম করিল।
বশিষ্ঠ ঋষি পুরোহিত গো ডাকিয়া আনিল।।
পুরোহিত বশিষ্ঠ বলে, 'রাজা গো, আমার বচন।
অশ্বমেধ যজ্ঞের তুমি গো কর আয়োজন।।
পাটরাণী না হইলে গো অশ্বমেধ নাহি হয়।
বনবাস হইতে পাটরাণী গো আনিবে নিশ্চয়।।
ঋষির বচন শুনিয়া রাম গো চক্ষের জলে ভাসে।
'কেমনে আনিব তারে গো আমি দিয়াছি বনবাসে।।
ত্যাগ করিয়া কোনো বস্তু গো গ্রহণ করা নাই ত যায়।
লোকনিন্দা হয় গো আরও ধর্ম যায় ক্ষয়।।
শ্রেষ্ঠ জন করে যাহা গো, কনিষ্ঠে করে তাই।
ফিরিয়া আনিতে সীতা গো সে কারণে ভয় পাই।।
এইনা কথা শুনিয়া ঋষি গো কহিল তখন।
'সীতারে আনিতে হইবে গো যজ্ঞের কারণ।।
সীতার বৃত্তান্ত গো আমি সকল জানি।
তপোবনে আশ্রয় দিয়া গো রাখিয়াছে বাল্মীক্ মুনি।।
যমজ দুই পুত্র সীতা গো তপোবনে প্রসবিল।
লব কুশ দুই নাম গো বাল্মীক মুনি যে রাখিল।।
নামকরণ চুড়াকরণ গো আমি সে করিলাম।

রঘুবংশের পুরোহিত গো আমি নিমন্ত্রণ পাইলাম।।
দুই পুত্র সঙ্গে সীতারে গো আনিয়া রঘুমণি।
অশ্বমেধ যজ্ঞ কর গো জগতে বাখানি।।
ঋষির কথা শুনিয়া গো রাজা রামচন্দ্র বলে।
'সীতারে আনিতে পারি যদি এক কাম হয়'।।
সতী কি অসতী সীতা গো, পরীক্ষা হইবে।
অগ্নিপরীক্ষা সভার মাঝে সীতারে করিবে।।
রঘুবংশের পুরোহিত গো ঋষির কথা না হইবে আন।
রাণীর বিচার দেখিবে প্রজা গো রাজসভা বিদ্যমান।।

(৮)

ঋষ্যমুখ পর্বতে বসে গো বীর হনুমান।
রাম ভজন রাম পূজন গো করে রাম গুণগান।।
রাম-সীতা দর্শন লাগিয়া গো বারো বছর পরে।
চলিল যে মহাবীর অযোধ্যা নগরে।
পথের মধ্যে পেল বীর গো বাল্মীকির তপোবন।
বৃক্ষের ফল পেড়ে বীর গো করে ভক্ষণ।।
হেন কালে লব কুশ গো এলো তথায়।
হনুমানে ফল খায় গো দেখিবারে পায়।।
ক্রোধে দুই ভাই তবে গো ধনুকে বাণ যে জুড়িল।
যত বাণ মারে হনুমান গো লুফিয়া নিল।।
লব বলে, 'কুশ ভাই গো, বলি যে তোমারে,
এই হনুমান বেটা গো বহুত বুদ্ধি ধরে।।
এর সঙ্গে ক্ষুদ্র বাণে গো না পারিব মোরা।
বড় বাণ মারিব এবার গো মরিব মুখ পোড়া।।
কুশ বলে, 'শুন গো দাদা, আমি বলি যে তোমারে।

নাগ পাশে বেঁধে নিয়ে গো চল যাই ঘরে।।
দুধ-ভাত খেতে দিয়ে গো ইহারে পুষিব দুই ভাই।
কাজে লাগাইব হনুরে গো যখন যা চাই।।
বড় গাছের উঁচু ডালের গো ফল পাড়িয়া দিব।
দুই ভাই কাঁধে চড়িয়া গো বনে বেড়াইব।।'
মা জননী দেখে নাই গো মুখপোড়া বাঁদর।
ইহারে নিয়ে যাব গো দাদা, মায়ের গোচর।।
এইনা বলে কুশ তবে গো, ধনুকে নাগপাশ জুড়িল।
মহাবীর হনুমান পাশে গো বাঁধা যে পড়িল।।
বাঁধা পড়িয়া হনুমান গো ভাবে মনে মনে।
'আমারে নাগপাশে বাঁধে গো এই বা কোন জন।।
বয়সে বালক দেখি গো বিক্রমে প্রবীণ।'
আকারে প্রকারে দেখি গো প্রভু রামচন্দ্রের চিন।।'
কিছু নাই সে বুঝাতে পারি গো প্রভু রামচন্দ্রের লীলা।
লঙ্কা জয় করিয়া শেষে গো মোরে বালকে বাঁধিলা'।।
হনুমান বাঁধা পড়িয়াছে গো দেখিয়া দুই ভাই।
খুশী হয়ে বলে লব, 'ডাণ্ডা আন, বাঁধিয়া নিয়ে যাই।।
ডাণ্ডায় বাঁধিয়া দুই ভাই গো হনুমানের কাঁধে ত করিল।
কাঁধে উঠিয়া হনুমান গো দেহের ভার বাড়াইল।।'
কুশ বলে, 'দাদা গো, বেটা বিষম ভারী।
ল্যাজ কাটিয়া হনু বেটার গো ভার লাঘব করি।।
এই না কথা শুনিয়া হনুমান গো ভাবিত হইল।
'এই ল্যাজ পোড়াইতে নিয়া গো লঙ্কাপোড়া হইল।।'

করতে না পারিয়াছে কিছু গো লঙ্কার রাক্ষসে।
আজি বালকের হস্তে পড়িয়া গো ল্যাজ বুঝি খসে॥
এত ভাবিয়া মহাবীর গো দেহের ভার কমাইল।
খুশী হয়ে দুই ভাই গো হনুরে বয়ে চলিল॥
আশ্রমের কাছে এসে মাওরে ডাকে দুই ভাই।
'শীঘ্রগতি এসো মাও গো, দেখো একবার চাই॥
এক জন্তু আনিয়াছি মাও গো, বন থেকে ধরিয়া॥
এরে পুষিব মাও গো, দুধ ভাত দিয়া॥
পুত্রের ডাক শুনিয়া সীতা গো ঘরের বাহির হইল।
বাইরে আসিয়া চাহিয়া দেখিয়া গো হনুরে চিনিল॥
হাহাকার করিয়া সীতা গো দুই পুত্রেরে বলে।
'মহাবীর হনুমান যে তোদের বড়ো ভাই হয়॥'
শীঘ্রগতি খুলিয়া দে গো অপরাধ করিয়াছ বড়ো।
পবননন্দন হনুমানেরে বাঁধ এত ক্ষমতা ধর॥
গন্ধমাদন পর্বত যেই গো আনিয়াছে উপাড়িয়া।
তাঁহারে আনিয়াছিস্ তরা আজি লতায় বাঁধিয়া॥'
উঠ বাছা হনুমান গো ভাইয়ের না নিয়ো অপরাধ।
অবোধ বালকের বড়ো গো হনু পোষার সাধ॥
এত বলিয়া সীতা দেবী গো হনুমানের বাঁধন খুলিল।
বাঁধন মুক্ত হয়ে বীর গো সীতারে প্রণাম করিল॥'
'শুন শুন মা জননী গো, আমি বলি যে তোমারে।
প্রভু রামচন্দ্র বিনা গো মোরে কে বাঁধিতে পারে॥
বনেতে দেখেছি দুই ভাই গো শ্যামল সুন্দর।
দেখিয়া চিনেছি আমি গো প্রভুর নব কলেবর॥

খেলার ছলে দুই ভাই গো নাগপাশে বাঁধিল।
লতায় বাঁধিয়া মোরে গো মাতার কাছে ত আনিল॥
কিছু না করিতে পারি গো মোর বল হইল ক্ষয়।
প্রভু রামচন্দ্র বিনা গো এমন কার্য নাহি হয়॥'
কও কও কও মাতা গো, তোমার বনে কেন বাস।
অযোধ্যাপুরীর কিবা গো হইল সর্বনাশ॥
এই কথা শুনিয়া সীতা গো সকলি কহিল।
কথা শুনিয়া মহাবীর গো মনে ভয় পাইল॥'
রামলীলা শেষ হইবে গো বীর ভাবে মনে মনে।
ভেবে চিন্তে হনুমান গো রইল মুনির তপোবনে॥'

(৯)

বশিষ্ঠ মুনির কথা শুনিয়া গো ভাবিয়া চিন্তিয়া।
ঠাকুর লক্ষ্মণেরে রামচন্দ্র আনিল ডাকিয়া।'
'শুন শুন লক্ষ্মণ ভাই গো আমি কহি যে তোমারে।
তপোবনে গিয়া ভাই আনহ সীতারে॥'
রাজ্যে অনাচার হইল গো প্রজার হইল দুখ্.
চারিদিকে অমঙ্গল গো নাই সে শান্তি সুখ॥'
অশ্বমেধ যজ্ঞ করিব গো সীতারে আনা চাই।
সতী কি অসতী সীতা গো হইবে পরখাই॥
এই কথা শুনিয়া লক্ষ্মণ গো কি কাম করিল।
পুষ্প-রথ সাজাইয়া গো বাল্মীকির তপোবনে চলিল॥
তপোবনে যাইয়া লক্ষ্মণ গো মুনিরে ভেটিল।
অশ্বমেধ যজ্ঞের নিমন্ত্রণ গো মুনিরে জানাইল॥
দুই পুত্র নিয়ে সীতা গো যাইব লক্ষ্মণের রথে।

মহাবীর হনুমান যাইব গো সীতা দেবীর সাথে।।
আরম্ভণ হইলে যজ্ঞ গো বাল্মীক মুনি সে যাইব।
যাট হাজার শিষ্য মুনির গো সঙ্গে ত চলিব।
প্রণাম করিয়া মুনিরে গো, দুই পুত্র সাথে।
সীতা দেবী উঠিল গো, লক্ষ্মণের রথে।।
রথের ধ্বজায় বসিয়া গো চলে হনুমান।
অযোধ্যা পুরী রথ আসিল গো সভার বিদ্যামান।।
রথ থেকে নেমে সীতা গো রাজসভায় প্রবেশিল।
দুই পুত্র লব কুশ গো সীতার সঙ্গেত আসিল।।
হনুমান রইল গো সভার সিংহ দুয়ারে দাঁড়াইয়া।
কেহ ত না বলে গো কথা সকলে রহিল চাইয়া।।
পতির মুখ দেখিয়া সীতা গো মনে ভয় পাইল।
চন্দ্রমুখ শুকাইল সীতার গো বক্ষ কাঁপিতে লাগিল।।
লব কুশ দুই ভাই গো অবাকিত হইয়া।
মায়ের আঞ্চল ধরিয়া গো রইল দাঁড়াইয়া।।
তবে রাজা রামচন্দ্র গো কোন কাম করিল।
ধীরে ধীরে সীতারে গো কথা বলিতে লাগিল।।
'জনক নন্দিনী সীতা গো, আজিশুন দিয়া মন।
এক বছর রাবণের ঘরে তুমি করেছ যাপন।।
সতী কি অসতী তুমি গো অযোধ্যার কেহ নাহি জানে।
সেই ত পরীক্ষা দিবে গো এই সভা বিদ্যমানে।।
জলন্ত অনল যদি গো না স্পর্শে তোমারে।
তবে স্থান হইবে তোমার গো, রঘুবংশের ঘরে।।
এই কথা শুনিয়া সীতা গো ধীরে ধীরে বলে।
'অনলে প্রবেশ করা গো কোনো বড় কথা নয়।।

বহুকাল দেখি নাই গো আমি চাঁদ মুখ।
আশা করিয়া আসিয়া আজ গো পেলাম বড় দুখ।।
চাঁদমুখ শুকাইল বল গো কিসের কারণ।
রাজ বেশ রাজ সভা গো কেনো হইল মলিন।।'
অনলে প্রবেশিল সীতা গো যদি তোমার দুখ যায়।
হাসিমুখে প্রবেশিব আমি গো তোমার নাহি কোনো ভয়।।
না জানি কে পিতামাতা গো কেবা গর্ভসোদর ভাই।
জন্ম দুখিনী বেঁচে আছে গো তোমার মুখ চাই।।
অনলে না স্পর্শিব মোরে গো আমি সতীনারী।
অনলে প্রবেশ করিয়া আমি গো আর না আসিব ফিরি।।'
দুই পুত্র লব কুশ গো আজি মা-হারা হইবে।
মায়েরে হারিয়ে দুয়ে গো কতনা কাঁদিবে।।
শুন শুন বশিষ্ঠ গুরু গো আমি বলি যে তোমারে।
দুইপুত্র সোঁপিয়া যাই গো আমি তোমার করে।।
এইনা বলিয়া সীতা দেবী গো নীরব হইল।
রাজার আদেশে নন্দন কাষ্ঠ গো ভারে ভারে আসিল।
কে দিবে চিতায় আগুন গো কেহ রাজি নাহি হয়।
চিতায় আগুন জ্বালাবার লাগিয়া গো হইল বিষম দায়।।'
অন্তঃপুরে এইনা কথা গো যখন কুকুয়া শুনিল।
আস্তেব্যস্তে কুকুয়া আসিয়া গো সভায় হাজির হইল।।
'আমি দিব চিতায় আগুন গো, আমি ভয় সে না করি।'
চিতায় পুড়িয়া মরুক সীতা গো দাদার অসতী নারী।।
এই না কথা বলিয়া গো কুকুয়া আগুন জ্বালিল।

এক হুলুকা আগুন আসিয়া গো কুকুয়ার চুলে ত ধরিল।।
পুড়িয়া গেল মস্তকের কেশ গো পুড়িয়া গেল মুখ।
'জ্বালিয়া মরিলাম'— বলিয়া কুকুয়া গো কাঁদে পাইড়া কুক।।
কুকুয়ার কাঁদন দেখিয়া গো সীতা ঠাকুরাণী।
হস্ত বুলাইয়া কুকুয়ার গো শীতল করিল জ্বলুনি।।
তারপরে কি হইল কথা গো শুন দিয়া মন।
পরীক্ষা না হইবে সীতার গো বলে সাধুজন।।
এমন সতীনারী সীতা গো হস্তে আগুন নিভাই।
হেন নারীর সন্দেহ করিয়া গো পরীক্ষার কাম নাই।।
দুষ্ট লোকে বলে কথা গো, 'সীতা রাজার পাটরাণী।
শত দোষের দোষী হইলে গো দোষ নাই সে গণি।।
হইত যদি প্রজার নারী গো রাজা বিচার করিয়া।
আগুনে পুড়াইত কিম্বা দিত সায়রে ভাসাইয়া।।
প্রজালোকের কথা শুনিয়া গো শ্রীরাম রঘুমণি।
নিজহস্তে ধরাইল গো চিতার আগুনি।।
একবার চাইল সীতা গো লবকুশের পানে।
একবার দেখিল সীতা গো পতির বয়ানে।।
দুই হস্ত জুড়ি সীতা গো, অগ্নি প্রণাম করিল।
ধীরে ধীরে অগ্নিকুণ্ডে গো সীতা প্রবেশিল।।
সেইক্ষণে হইল কিবা গো, দৈবে অঘটন।
বসুমতী উঠিল কাঁপিয়া গো কাঁপিল অযোধ্যা ভুবন।।
চিতা ফাটিয়া উঠিল গো পাতাল গঙ্গা ভোগবতী।
তার সঙ্গে উঠিয়া এলো গো মাতা বসুমতী।।

বসুমতী বলে, 'মাগো এসো আমার কোলে।
দুঃখিনী কন্যারে নিয়ে গো আমি যাব পাতালে।।
সুখে থাকুক রাজা রাম গো রাজ্য প্রজা নিয়ে।
আমার কন্যা সীতারে আমি গো নিয়ে যাই চলিয়া।।
এই না কথা বলিয়া দেবী গো সীতারে নিল কোলে।
পাতালে প্রবেশিল সীতা গো দেখিল সকলে।।
হায় হায় করিয়া কাঁদে গো রাম আর লক্ষ্মণ।
লব কুশ কাঁদে আর কাঁদে সাধুজন।।
দুয়ারে দাঁড়াইয়া কাঁদে গো বীর হনুমান।
কি কাম করিল হায় গো আজি রঘুপতি রাম।।
দুষ্ট লোকের কথা শুনিয়া গো কি কাম করিল।'
জন্মের মতন রাম গো সীতারে হারাইল।।
চন্দ্রাবতী কাঁদিয়া বলে গো কাহারও দোষ নাই।
কর্মফল সুখ দুঃখ গো দাদা বিধাতা গোসাঁই।।

।। সমাপ্ত ।।